一番大切なもの

谷口清超

日本教文社

はしがき

世の中の子供さんたちは、時どき、「大切なもの」を持っている。どんな〝宝物〟かと思っていると、小さな玩具だったり、人形だったりすることがある。大人になっても、それと同じように、色いろの物を大切にしているが、その中の「何が一番大切か」と訊《き》かれると、困る人も出て来るに違いない。

子供が三人いるとして、「誰が一番大切か」と訊かれると「三人とも皆大切だ」と答えるのがよろしいようだ。もし誰かさんだけを「一番大切」に思っていると、他の二人はいじけたり、ヒガンだりすることが多い。しかし「神様が一番大切だ」と答えると、三人とも「それはあんまりだ」と思ったり、ふくれたり、ヒガンだりはしないだろうと思う。

「神様なんていないよ」

と言うかも知れない。それは「神様」が悪いのではなくて、「神様」についてよく教えて来なかったからなのである。しかしながら多くの子供は、何となく〝神様〟を信じているものだ。それは全ての人間の「心」の中に、神仏が宿っているからである。宿っていると言うよりも、その神性とか仏性こそが〝人間の本質〟だということなのである。

しかし大人になっても、かえって幼子《おさなご》の純粋な心を忘れてしまい、「神様なんているものか」と思ったり、「財産や名誉が大切だ」と思い込んでいる人も沢山《たくさん》いるらしい。時には「仕事が一番大切」と思ったり、「恋人」を第一番に考えたりする人もいるだろう。けれどもやがてそのような人の心も、色いろの事件や出会いや病苦などから、その〝第一人者〟が変わって来るものである。

そのような多くの経緯について、本書では、

1、自然はありがたい
2、無駄な物は一つもない
3、世界は一つである
4、環境問題の克服のために

などと大別してまとめてある。途中で少しばかり寄り道をしたような所もあるし、あ

まり関心のない問題が書いてあるかも知れないが、どうか〝終り〟まで読んで頂くと、きっと「第一のもの」が出て来るだろうと思うのである。

最近は買物に行くと、よくビニール袋に入れてくれるので、いつの間にか余った袋が一杯たまってしまうことがある。人に贈り物をすると、大きな箱に入った品物が、さらに何重にも包まれて、大きく立派らしく、重くなっていることもある。見掛けは良いかも知れないが、その袋や箱はムダになるから、結局エネルギーの〝無駄遣い〟になる。

だがその贈り物の中で、「一番大切なもの」は、外箱や袋ではなくて、中味のごく一部なのだ。もし「神様」がその中味の中心者だったら、あとの外箱や袋はいらないということになるかも知れない。そしてもし宗教が、「だから外箱などは皆捨てろ」とか「袋を使うな」と主張するとすると、神様だけを信じて、「あとの全てはいらない教え」ということになる。

そうなると「医者」も薬も「病院」も、消防署も、自衛隊も、学校も月給も、何もかも不要となるが、そんな「宗教」などは誰もいらないと思う。ついでに「神・仏」もいらないとなると、太陽も月も、地球も星も、何もかもいらなくなってしまうかも知れない。

しかしこれは間違った教えであって、全て皆大切なものであることに変りはない。しかもこのような〝変な宗教〟のために、〝正しい宗教〟まで否定され、ついでに「神」や「仏」まで否定されては、大変な人心の混乱状態となり、〝弱肉強食〟の世界、つまり「地獄」のような現実になってしまう。だから、是非ともそうならないように、〝自然法爾《じねんほうに》〟、つまり「そのままの心」を大切にして頂きたいと念願する次第である。

平成十六年三月二十日

谷口清超しるす

一番大切なもの

目次

3 世界は一つである

4 環境問題の克服のために

1　自然はありがたい

自然はありがたい

大宇宙

「自然」という字はシゼンと読むのが普通だが、ジネンと読むこともある。漢音がシゼンであって、呉音《ごおん》がジネンだ。同じ意味だが、使い方で多少ちがっている。「大自然」とか「自然界」などというと、ふつう物質的な光景を指すが、〝自然法爾《じねんほうに》〟とか〝法爾自《ほうにじ》然《ねん》〟というと、精神的な〝あたり前〟とか〝そのままの心〟というように用いられる。

そこで「自然」はありがたいことだらけと言ってよいだろう。目に見えている自然でも、目に見えない自然でも、その奥に「神の国」があるからだ。例えば「大自然界」でも、あまり遠方になると、目にも見えず、耳で聞くことも出来ない。そしてそこには、今でも沢山《たくさん》の星や星の集団が生まれて来ているらしい。又自然にそれらが死んで行くのである。

人間の肉体でも、年をとると自然に死んでしまうが、それでいのちが終ったと思われない。そこで目に見えないいのちをお祀《まつ》りしたりして、まだ生きている命を拝む。これも自然にそうなってきたのである。

夏になると日本近海では台風が発生して、大雨や大風が吹きすさぶ。これも大自然の中で毎年くり返される現象だが、一見恐ろしく見えても、有り難いのである。というのは、それによって各地に雨が降り、森が茂り、農業水や工業水や生活水が与えられるからだ。暴風によって家が倒されたり、樹木が倒れることもあるが、一方これによって新しい樹が生えてきたり、さらにしっかりした家が建てられるように進歩するからである。

地球上に住む人間や動物から見ると、ひどい暴風雨だと思うかも知れないが、地球的な規模で見ると、台風やハリケーンやモンスーンなどは、局部的な〝大掃除〟のようなもので、それによって大気が入れ替り、樹の枝が〝散髪〟されて、スッキリするのである。

人はとかく近くのことしか見ないから、つい遠くに離れて見ることを忘れてしまう。

〝宇宙飛行士〟などと言っても、大自然の大宇宙ではなくて、地球の周辺のスペースを〝宇宙〟と呼んでいるだけだ。大自然はもっともっと巨大であり、そこを自由に行き来する時代は、何時《いつ》のことか分からない——ということが分かっているだけである。

自然に教えられる

しかし人びとがこの〝肉体〟という魂の乗り物に引っかからなくなって考えると、肉体は自然に死に、そして自然にその人の魂は別世界に移り住む。これはもう三次元の物質世界のことではないから、霊界とか幽界とかと呼ばれる所だ。それがどんな所かは一口には言えない。その人の魂の自覚（悟り）の程度に従って体験する、それ相当の所が、いくらでもあるからだ。つまり、

「環境は心の影」

であり、心にふさわしい世界がその人の周辺に現れてくるのである。この自然の摂理《せつり》（仕組み）は本当にすばらしく、ありがたい。というのは環境を見ると、自然に自分の心の状態が分かるからだ。低級な心でいると、低級な世界が現れてくるし、高級な心でいると、高級な、上品な、気持のよい、自由度の高い環境が現れてくる。

これは肉体が死ななくても、この身このままで現れてくる。例えば正しくない心、きたない心を起して、ドロボーをしたような時、彼や彼女はやがて警察につかまって、刑務所に送られる。すると刑の重さに従って、不自由な部屋に入れられ、何年か経《た》ってやっと釈放される。その〝環境〟で逆に「こんなドロボーは割に合わないな」と分かるものだ。こうして人は自然の法則によって、自然に教えられる。だからありがたいのである。

さて自然界には色いろな〝法則〟がある。この法則には「物質の法則」や「心の法則」などあるが、いずれにしてもその自然界の法則によって、これを正しく知り、正しく使えば、人はますます自由になり、次々とすばらしい経験を積んで行くことができる。だから「自然はありがたい」と言う外はない。学校でも仕事場でも、何か教えてくれることがあるからありがたい。例えば平成十四年七月九日の『讀賣新聞』には、こんな投書がのっていた。

『　　　　　　　　　　　　　中塚　香里　28（名古屋市）

私は空港内の売店で働いている。親に連れられた子供たちと触れ合う機会も多く、私は商品を子供たちに手渡す時、「はい、どうぞ」と笑顔で接するようにしている。そんな時、「ありがとう」と言ってくれた子供には、「偉いね」とほめている。

すると、ほとんどの子供がうれしそうな顔をする。そして、自分から「バイバイ」と言って手を振ってくれたり、話しかけてきてくれたりする。「ありがとう」と何度も繰り返す子供もいる。

一方で、私が笑顔で声をかけても、無言のままの親子もいる。親がさっとお金を出し、子供もひったくるように商品をつかみとっていく。

私は、あいさつは人間関係の基本だと思う。親は子供に率先してあいさつをするようにし、子供がきちんとあいさつできた時は、ほめてやってほしい。日ごろのあいさつを習慣づけることが大切だと思う。

ほめられることで子供は自信を持つようになり、他人とのコミュニケーションというものも学んでゆけるのだと思う。』

行持要目

この中塚さんは、アルバイト先で、とてもよい体験をされたようだ。それも彼女が品物を子供たちに「はい、どうぞ」と笑顔で手渡していたからに違いない。同じようにアルバイトをしていても、ブスッとして、不深切な態度でくらしていたら、「ありがとう」も返ってこず、ほめることの尊さも、ほめられることの嬉しさも分からなかっただろう。

このように「人生」そのものが大きな「学校」であるから、その学校に入学させて下さった父母に「ありがとう」とお礼を言う心でいるのが自然なのだ。それを、「たのみもしないのに生んだ」などと言うのは、とても不自然だ。だから、「ありがたくない」人生が、その心の通りに現れてきて、色いろと苦しんだり悩んだりする。その結果、やはり「ありがとう」という自然法爾の心が一番大切だと、教えられるのだ。

これは「生長の家」でとてもおすすめしている眼目で、「信徒行持要目」*の中にもこう書かれている――

『一、天地一切のものに感謝すべし。

皇恩に感謝せよ。汝《なんじ》の父母に感謝せよ。汝の夫又は妻に感謝せよ。汝の子に感謝せよ。汝の召使《めしつかい》に感謝せよ。一切の人々に感謝せよ。天地の万物に感謝せよ。

二、そのままの心を大切にすべし。

そのままは零《れい》なり、一切なり、○《まる》なり、円満なり、無礙《むげ》なり、無限供給なり、調和なり、病なきなり、一切の不幸、災厄、病難はそのまゝを外したるときあらわれるなり、顧みてそのままの心に復《かえ》るとき、一切の不幸は滅す。（後略）』

とある。その「そのままの心」が「自然法爾」であるから、「自然はありがたい」と言わざるを得ない。

しかも第一項には「父母に感謝せよ」と書いてあるが、「汝の子に感謝せよ」とも書いてあるだろう。だから、父母ばかりが感謝されるのではなく、公平に、「召使にも感謝せよ」というのだ。これをある人が質問して、「召使という言葉はもう今は使われないから、あらためたらどうか」と言ったことがあった。しかしこの言葉は昭和六年九月二十七日に記された「神示*」から来ているから、その当時は「召使」という言葉はいつも使われていた。

それを今は「お手伝いさん」がよかろうと言って、「汝のお手伝いさんに感謝せよ」では、不自然である。前後の文章とピッタリしない。こういうものはみな「そのまま」がよいのであって、そのままの心、「自然法爾」は大変ありがたいということになる。

さらに病気は心の影だから、病気になったら医者にかかる必要はない、心さえ変えればよいというので、「医者にかかるな」と排斥する人もいるが、「天地一切の人々に感謝せよ」だから、人々の中には医者も含まれているし、学校の先生方も全部ふくまれている。

「あの先生はキライダ」

などと排斥することは、その生徒の成績や運命を悪くするから、やめた方がよいのである。

全てのものに感謝

さらに「天地の万物に感謝せよ」とあるが、万物というのは植物・動物・鉱物・空気・水・光や電磁波動など、全てを含んでいる。だから人間だけに感謝すればよいのではない。虫やミミズにも感謝するのだ。これらの生物が地球の中で土を良質の土にしてくれて、畑や田に作物がとれるように根気よく耕してくれた。動物たちも、鳥や獣たち全ては大切なわれわれの仲間だ。植物が豊かに生えてくれて、そこで彼らは生きることができたのである。

ところが人間が勝手に森林を伐り倒して燃料にしたり、畑にしたり、家を建てたり、むやみに道を広げたりして、森林をどんどんけずり取ってしまった。そのために動物たちは生活の場を失って、山奥に逃げたり、死んだりして、残った動物は食物をあさりに人の住む村や里に出没しだした。

さらに森林は炭酸ガスを吸収して、酸素を出してくれるから、人間や動物たちを生かしてくれていたのに、森や植物を切り倒し、そして又石炭や石油をもやすから、地球の大気中の炭酸ガスの分量がふえ、温暖化して来たのである。これは大変なことだ。地球の大気が酸素以外のガスによってビニールハウスの状態になり、太陽熱がたまって温暖化してきた。

地球の北極や南極の氷がとけてきて、寒い所の白い大地が黒くなり、黒い土地が光をより多く吸収して、さらに温暖化が進んだ。すると海の水がふえてきて、太平洋上やインド洋あたりの島国は水中に没して「なくなってしまう」運命に追いこまれたのである。さらに文明国でも、大都会は海岸や河口近くに広がっているから、そこらが水没すると、人々は山の方に移動しなくてはならず、大変な被害が出るのである。

これも全て、人間だけの欲望にまかせて、自然界の植物や動物を迫害してきた結果である。さらに近ごろは山火事が多くなってきたという。これも自然発火というよりは、人災の場合が多い。タバコやタキ火の不始末とか、中には「消防隊員の放火による山火事」といった事件まで飛び出した。これは隊員の失業対策の一つだったというから、全く不自然な話ではないか。

こうして大切な森や林が失われると、地球の温暖化がますます進むのだ。すると他の動物や植物の棲家《すみか》がなくなり、岩や石ころの地球といったイヤな世界になり果てるだろう。しかし動物でも植物でも、人間にとってはとても大切な仲間である。だからお互いに助け合って生きて行くのが〝自然法爾〟であり、楽しみと悦びの世界を呼び出してくる。例えば平成十四年七月十日の『産経新聞』には、こんな投書がのっていた。

ありがとうの世界

『　　　　　　　　　無職　佐藤　章　69（新潟県村松町）

老人は早起きというのが定説のようだが、地元でいう「夜光り朝寝こき」は定年後十年たっても変わらなかった。

それが一変した。小さな捨て猫がわが家の雁木《がんぎ》の下でうずくまっているのを拾ってからだ。

動物好きだったが、ペットは飼わないというのが家訓だった。戦後間もないころ、食糧難を生き抜いた愛犬が大学の寮生に食べられたという悲しい事件があったからだ。

その家訓を破ったために、空がうっすら明るみを増すとともに、子猫が起きて部屋で騒ぎ始める。やむなく起床し、世話をする。それから怠《おこた》りがちだった家庭菜園の手入れをする。もちろん、睡眠不足は子猫といっしょに昼寝で補う。

かわいいしぐさを見て大声で笑うが、これも多分健康に良いはずだ。家族の会話も増えた。いいことずくめの毎日に満足している。

思いがけない「贈り物」に、感謝の日を送っている。』

猫と遊んでも楽しくて、いきいきしてくるのだから、人は人と話し合ったりして、いくらでも自然に楽しい家庭生活ができるはずだ。同じ日の同じ新聞の投書に、こんな文章もあった。

『

荒巻由美子　36　（西東京市）

先日、ファストフード店で昼食をとっていたときのこと。わが家はめったに外食をしないので、三人の息子たちははしゃいでいた。

ふと、気が付くと、隣のテーブルに一人で座りじっとこちらを見ている四歳くらいの男の子と目が合った。「一人で待っていて偉いね」と声をかけると、恥ずかしかったのだろうか、照れくさそうに笑った。

間もなく、母親らしい女性が現れ、トレーにのせた食べ物をテーブルに置いた。

「ごめんね。ひとりで待たせて」「いただきます」といったたぐいの言葉は全くなく、食べ始めた。女性は雑誌を読みながらなので、二人はそれぞれ一人で食事をしているのと同じだった。

男の子の視線を感じつつ、この子はどんな気持ちでいま食べているのだろうか、と考えた。

「子供たちは食卓で栄養を食べているのではない、心を食べているのだ」と、以前、本で読んだことがある。親子で食卓を囲む機会が減ったいまの時代、この言葉の意味をもう一度考えてみる必要がある。(主婦)』

＊信徒行持要目＝生長の家信徒が日々の生活において実践すべき重要な項目。八項目にまとめられている。『新版 菩薩は何を為すべきか』『新編 聖光録』(いずれも日本教文社刊)等に収録されている。
＊神示＝生長の家創始者・谷口雅春先生(昭和六十年昇天)に神が示された言葉。神示は全部で三十三あり、全神示は、『新編 聖光録』『御守護 神示集』(いずれも日本教文社刊)に収録されている。

いのち は尊い

次代を支える力

ある日、ピンク色のグレープ・フルーツを食べたところ、中にあった大きな種子から、芽が出かかっていた。ふつうグレープ・フルーツは半切りにして食べるが、私はいつも皮をむいて、中の袋もむいて、袋の形をしたままの中味を食べる。その他のオレンジ類も同じようにする。こうすると、一個のオレンジ類を、何人でも分けて食べられるから便利だし、種子の多いハッサクや甘夏を食べるのにも便利だ。

ただ欠点は、手がよごれることだが、よごれた手は、フィンガー・ボールに入れた水で洗えばきれいになる。そんなものがない時は、布巾《ふきん》やタオルやハンカチでふけばよい。ほうっておいても、すぐ乾くし、手の皮膚にもよいらしい。

ところでその芽の出かかったグレープ・フルーツを、庭にまいたところ、何年かたって二メートルぐらいの樹《き》になり、ある年の夏はじめて一つだけ実がついた。大きさは紀州ミカンぐらいになったが、それ以上大きくならないので、ついに食べたところ、やはり中の袋にタネが出来ていたので感心したものである。味はマーマーといったところだった。

しかしいのちは植物でも動物でも、次の代を支える尊くて不思議な力にみちあふれている。動物となると、もっとはっきりとした良さが現れてくる。平成十二年六月十三日の『讀賣新聞』には、群馬県利根郡に住む内山桃代さんの、次のような投書がのっていた。

『勤務先の駐車場で、朝夕、草花の手入れをするのが日課となっている。パンジーに似た小さな花をつけるビオラのプランターから先日、何度もセキレイが飛び立つのを見た。最初は、ビオラの花びらや葉についた水滴を吸いに来ているのだろうと思っていた。

ところが、ビオラをよく見ると、その根元に小さな鳥の巣と六個のかわいい卵があるではないか。セキレイは低い場所に営巣《えいそう》するとは聞いていたが、まさか地上六十《チセン》のプランターの中を選ぶとは。山あいののどかな環境の中での暮らしを、この時ほどうれしく感じたことはない。

毎日、巣の様子をのぞくことになった。そっと近付いて目を凝《こ》らすと、親鳥がしっかりと卵を抱《かか》えている。雨の日も暑い日もその様子は変わらない。自動車の音がするたびに、親鳥は「チッチッチッ」と心配そうに鳴いて飛び立つ。いとしさといじらしさで、「しっかり！　頑張れ！」と、ついつぶやいた。

最近の少年の凶悪犯罪《きょうあくはんざい》をみるにつけ、子供が自立するまで身をていして守り育てる親のたくましさを、私たち人間は忘れかけているような気がしてならない。

小さな六つの命が、いつか大空を舞う日が来ることを祈る日々である。』

ライオンより恐ろしい

私の住んでいる住宅は本部*所有の建物だが、庭に沢山《たくさん》の植木が植えられている。もともと谷口雅春先生の私宅だったものだが、敷地や建物の大部分は本部に寄付された。そのころから庭に竹やぶもあったが、毎年大小の竹の子が地中から生えてくる。地面からニョキニョキと出てくる姿は、実にたくましくて美しい。最近家の窓の近くに置いてあった植木鉢が傾いていた。それは竹の子が下の地面から、鉢を押し上げていたのだった。そんなたくましい力も示してくれる。しかも緑の葉は、全てが酸素を出し炭酸ガスを吸収してくれて、人や動物に貢献するから、とてもありがたいものだ。

地球上の植物と動物とは助け合って生きている。植物も動物たちの出す炭酸ガスを吸収し、その死骸《しがい》や糞尿《ふんにょう》を養分として成長する。もし植物の量が減ると、動物たちも生活できなくなる。人が樹木を伐採《ばっさい》しすぎると、動物たちは生活の場を奪われて、生き場所が狭くなり、人家《じんか》近くにまで現れて、畑を荒らしたりする。それを人がつかまえたり殺してしまうと、その責任はどこに来るだろうか。平成十二年六月七日の『毎日新聞』には、上越市に住む中学一年生の富岡忠和君の、こんな投書がのっていた。

『ぼくの住む新潟県の佐渡で「優優」と合わせて3羽のトキが誕生しました。今年生まれたヒナ2羽も元気にすくすくと育っています。

暗いニュースが続く中で、そして、毎日の生活の中で明るい出来事でした。

親鳥にやさしくあたためられ、卵の殻《から》をつつき必死で出ようとするようすに、「頑張って！」といわんばかりに、親鳥も殻をむくのを手伝って、可愛い我が子の誕生を喜んでいる姿は見ていてほほえましかった。

どんな動物でも自分の子供は可愛いはず。なのにぼくたち人間はどうでしょう。赤ちゃんを山の中、砂浜へ捨てた、看病につかれ殺した、誰《だれ》でもいい、殺してみたかった、気にくわないから殺した等々、一番恐ろしいのは百獣の王ライオンではなく人間だと思います。

人を殺すのがあたりまえみたいになってしまった今日、とても残念なことです。』

人がいのちの大切さをわすれ、人殺しまでするようになったのは、ずっと昔からのことだが、とうとうそれが大量の殺人や戦争にまで及んで来たのは、人々がいのちの尊さを忘れたからであろう。

本当の人間

他の動物たちは、餌《えさ》として小動物や草食動物を殺すことがあっても、同じ仲間の動物を殺すことはめったにない。争っても逃げれば追わないし、全くちがった動物たちでも仲よく暮らすことはいくらでもある。しかも彼らは「いのちは大切だよ」と教えられたわけではない。いのちそれ自身が、そのことを知っているからであろう。

そのような本当のいのちが、人間にもあるし、そのいのちこそ「本当の人間」なのだ。そして人間の肉体は、そのいのちの使う〝道具〟であり、地球という場所に出てくるための〝乗り物〟である。ちょうど潜水者が海の底にもぐる道具として「潜水服」を使うようなものだ。

だからこのいのちは、肉体が死んで、焼いてしまっても、まだいくらでも生き通している。そして又別の〝潜水服〟をつけて海中にもぐるように、地球やそれに似たような現象界に姿をあらわし出すのである。

だからこの本当のいのちを知らなくては、いのちの尊さがよく分からない。口先だけで「いのちは大切だよ」といっても、その本当の意味が分からない。だから、「邪魔なものは殺せ」とばかり、人殺しをやりだすのである。

平成十二年になってから、沢山人殺しの事件が起った。十六、七歳の少年がよくやったので、十六、七歳がバカに目立ったが、平成十二年五月八日の『産経新聞』には、町沢静夫立教大学教授が、こんな談話を発表しておられた。

『愛知県豊川市の主婦殺害、今回のバス乗っ取り事件と、十七歳の優等生による無差別犯罪が相次いで起きた。世間では優等生の犯罪ということで衝撃が大きいが、むしろ優等生ゆえ社会から孤立してしまい、最悪の結果を招いてしまったのではないかとも思える。

優等生は受験競争を勝ち抜くため、子供時代から対人関係が薄くなり、他者への共感、生きる技術が不足する傾向がある。親や周囲も「あの子は頭がいいから」とこうした〝危険な孤立性〟に気付かない。（中略）』

たしかに社会や家庭から孤立すると、人は他から学習することが難しくなる。いくら学業成績がすぐれているからといって、それは試験の答案がよかったというだけで、物の考え方やいのちの価値が分かった訳《わけ》ではない。優秀なのは、答案用紙や口頭《こうとう》での受け答えであって、人格や思想や信仰の中味ではない。人間が生まれると、先ず父母から教えられるが、その父母からも孤立する傾向があると問題だ。そこでこの教授は続いてこう述べておられる。

『さらに無差別な犯行の背景には家庭の問題、家族への恨《うら》みがあるように思う。豊川市の事件の少年は「若い人を殺すのは良くない。この世に老人はいらない」などと供述した。これを少年自身に置き換えてみれば、若い自分は生きていても許されるが、父親や祖父は（社会的に）死んでもいいというメッセージとも取れる。祖父母にかわいがられる半面、父には突き放されて育ったのではないか。

では、なぜ家族を直接狙《ねら》わないかといえば、与える苦しみが一瞬で終わるからだ。だが、無関係の他者を傷付けることで犯罪者の家族は一生の罪を背負う。だから彼らにとって襲撃《しゆうげき》する相手はだれでもいい。言い換えれば、だれもが被害者になる危険性がある。（中略）』

人を恨まないこと

人はもともと父母を愛している。だから幼いころは、みな父母を愛し、そのマネをして成長する。それが「恨みを持つ」というのはどうしてだろう。それは自分が愛されていない、自分の愛が相手に伝わっていないと感ずるからだ。父も母もすぐ仕事に行ってしまって、兄弟姉妹もあまりいないとなると、見すてられたような気持になりやすい。しかも父母が、愛情を示さず、祖父母だけに可愛がられていると、恨みが出てくるのかも知れない。

父母はある時期、社会全体を代表してくれる大人だから、彼らは〝反社会〟の感情を持ち、ますます孤立する。さびしいからテレビや劇画の筋書きなどから教えられて、殺しや暴力を実演するようになる。そうでない場合は、同じような反社会的な気持を持った仲間を見つけて、彼らとばかりつき合い、家庭や学校からはさらに孤立し、仲間内でさらに孤立や反抗や、ついには傷害《しょうがい》や殺しまでやり出すのである。

こうして父母や家族への反感が、バス・ジャック事件の時のように、「誰でもよいから殺そう」という所に来る人も出てくる。恨みを晴らすために家族を苦しめる、そして自分を〝殺しの犯人〟にする。こんなふうにして無関係な人々への犯罪が起ったという訳であろう。さらに続いて町沢教授はこう話しておられる。

『では、こうした時代にどんな予防ができるのか。第一はやはり家庭での教育。命はどんな小さな命でも大切にしなければならない、という基本的な教育をすること。安らげる愛情と、していいこと、いけないことを社会の目からガツンと注意できる存在が家庭に同時に存在していることだ。

偏差値だけでなく、子供のすべてを見るようにすることも大切だ。少しでも変だと感じ、家庭だけで無理だと思ったらカウンセラーや精神科医など第三者を頼るのもいい。だから、われわれ専門家の責任はますます重いわけだが、家庭内で暴力を起こし約二カ月入院していたバス乗っ取り事件の犯人に一時的な外出ではなく、外泊許可を与えたのは解《げ》せない。ただの家庭内暴力ではなく、分裂病が疑われるからだ。主治医《しゅじい》の責任も問われるべきだと思う。(談)』

人生大学

「どんな小さないのちでも大切だ」ということくらい大切なことはない。若い人のいのちだけ大切というのでもなく、老人や〝偉い人〟のいのちだけ大切というのでもない。そうかといって、死んだ人のいのちなど、もうナイのだからお墓参りなど必要ないなどということでもない。もし肉体が死んで、あとには灰やカスだけが残るだけなら、老若《ろうにゃく》男女《なんにょ》を問わず、誰でも殺してよいことになる。つまり結局死ぬのだから、今すぐ殺したら、よけいな苦労をしなくてすむだろう――という へ理屈《りくつ》が成り立つからだ。

「唯物論《ゆいぶつろん》」が間違っているというのはそのためだが、人間が生きている意味があるのは、死なないいのちがあるからであって、そのいのちを「神」といったり「仏」といったりする。だから偉い人が亡くなられて「神社」に祀《まつ》られたり、「仏様」として拝まれたりする。お寺でも偉かった人々のみたまをお祀りするために建てられたのが多い。全《すべ》ての人を神社や寺に祀ると大変なお金や土地がいるから、そうしないだけだ。

しかし偉い人も普通の人も、根本的にはみな「仏」であり「神」である。「神の子」ともいうが、それは神と同じだ、人の子が人であるように。

しかも「神は全ての全て」であって、動物や植物は神でない――というのでもない。神（仏）以外のものはありえないからである。もしそんな神以外のものがあるなら、一体それは何だろう。どうして神がそんなものを放っておくのか、どうして助けてやらないのか「エコヒイキをするな」ということになるだろう。

だからこの文章のはじめに紹介したような、小さないのちを大切に思う心から、本当のいのちの大切さ、その永遠の存在、全ての全てであることなどを、この世に生をうけて学習して行くのである。そのための大切な、そして楽しい進歩向上の「人生大学」だと言うことになる。人の欠点のアラさがしをやめ、正しい「神の子・人間」の信仰を持つことがとても大切なのである。

＊本部＝東京都渋谷区神宮前一―二三―三〇にある生長の家本部のこと。

水と心について

水と砂漠

さきに述べたように、今私たち夫婦が住んでいる公舎は、もと私邸だったので、私たちが設計して建てた。その時、マッチ箱のような二階建てに、といよなどは付けないで、屋根からの雨水は、そのまま地面まで落ちるようにしようと思っていた。その訳は、といよにはよく木の葉などが積もって、雨水の流れが塞がれるからである。そんな古い建物、美しい桂離宮を見たこともあった。

すると大工さんが、家の裏側はそれでも良いが、表側や玄関辺りには、ぜひといい（とよ）を付けさせてくれ、というのである。そこで、そのようにして、東南側にはといを付けた。すると雨水の一部は集まってきて、バケツのような容れ物にたまる。それを家内はだいじに集めて、使うようになった。それも大きな蓋つきのポリバケツを何個も買って来て、庭先に並べて、雨水を貯めるのだ。といからの水もこの中にためてしまう。

その貯まった水を野菜や植物に掛けてやるのだ。彼女はこのような園芸作業が大好きらしい。なにしろ植物も動物も、水なしには生きてゆけない。人間も同じだ。ところが最近、世界では水が不足になりつつあると言う。しかもその水質が悪化しつつある。きれいな水が汚染されて来ているのである。これは河や海岸の植物が減って、護岸工事のコンクリートなどに変化させられたからだ。

これらは人間の仕業であって、自然現象ではない。砂漠地帯に雨がすくないのは当り前と思うかも知れないが、世界最大のサハラ砂漠でも、昔は樹木があった痕跡がある。未開の宝庫とも言われたが、リビヤやアルジェリアなど東部から、油田が開発され始め、地下資源も多量にあることが発見された。それよりずっと以前、紀元前（BC）五世紀に、ギリシャの歴史家・ヘロドトス（BC480?-425?）は、この地方の住民について詳しく記録している。最初は黒人が住んでいたと言うから、砂漠ではなかっただろう。それが白色のベルベル族に追われ、七世紀頃からアラビア人の移住が始まった。そして十九世紀になって、ヨーロッパ人が征服したと言うのである。

水と緑

このようにして草原や森林は、人間の資源欲や開発欲で砂漠化されてきたのである。そして今も世界の砂漠化は進み、毎年フランス一国の面積（約55万平方キロメートル）ぐらいも拡大しつつあると言うことだ。こうした情勢の中でも、日本はまだ雨が多くて、それほど砂漠化していないように見えている。しかしこのまま国土の資源開発を第一にした護岸工事を進めると、森や山林の緑が失われ、砂漠化への危険が迫ってくるに違いない。

つまり日本の都市村落は主として河川の河口付近につくられてきた。すると河川は台風や長雨によって、氾濫することがある。それほど多雨なのは有り難いが、そのあふれ出た雨水を「自然の河川」は「自然の堰堤《えんてい》」から氾濫させて、周辺の河川敷や緑の平野部で徐々に吸収させせながら、回復させてきたのである。この堰堤なるものは、ただの石を積み上げただけで、石の間をコンクリートなどで埋めてなかった。だから水はかなり自由に堰堤を通り越したのだ。

ところが治水革命をやり始めると、河口付近の市町村を護るために、コンクリートなどで高い堤防を固める防災工事をやり出してから、河の流れの〝自然〟が失われ、河の曲がりは直線化し、急流となって海に注ぐようになった。これでよしとばかりに、この護岸工事を中上流にまで拡大していく治水工事が行われる。こうなると上流地帯でも開発が進み、周辺の森林や水害防備林などはつぶされて、建物や舗装道路に変化し出したのである。

するとと今までのゆっくりと地下に浸水して地下水となり、十何年もかけて下流に流れていた水が、一挙に河川を流れ下った。その流水の力が、洪水となる力と変化して、中下流の破壊を押し進め、均一化した造林は豪雨でもろくも倒木化して、下流の都市を直撃する。このような流木の被害は、いくらダムを造っても、減らないのである。つまり河川や山林の「自然」がいかに大切な「治水」の常道であるかが分かるであろう。

分かる人も分からぬ人も、『水と緑と土』という富山和子さんの本（中公新書）の第一章、第二章あたりを読まれると、もっとよく分かると思う。と言うのは、水は緑、即《すなわ》ち植物によって浄化され、また水中や地上の小動物もよく育てられるからである。さらにまた、土も水分があってこそ動植物の命を支えてくれるからだ。

例えば中国の黄砂というのが毎年日本にも襲いかかり、空一面がぼんやりと曇ってしまうことがあるが、現地ではどんなに悲惨な状態になるかを、平成十五年三月七日の『ジャパンタイムズ』がこう伝えていた。Wangさんは中国東北部にある故郷へ早魃のために帰れなくなった。彼はその抗議行動のために警察に検挙されそうになった。二十七歳のWangは、いつも農民は被害者だとこぼした。砂嵐はShandongの農家を破産寸前に追い込み、仕事を求めて都会へおいやる。WangもShandongの人と同じように、Jinanに帰らずに北京に往って軍隊に入った。Wangのような力強い青年が定着せず、北境のJinanから水不足のために去ってしまうのは不本意だと思っている……などと写真入りで書いてあった。

水で生きている

このように水は人間の生きるためになくてはならない〝命の綱〟だが、幸いにして日本は多量の水に恵まれていて、水道水でも飲めるくらいの純度を保っている。ところが殆どの外国では、水道水が飲めないし、滅多に出てこない所もある。仕方なく、瓶詰めの水を飲むが、意外にこれが高価だ。日本でも最近はこれを好んで飲む人もいるが、水道水を沸かして飲むのと大差はない。おまけに、トイレの流し水まで水道水のところが多いから、余程〝水〟に感謝しなければならないのである。

　人は一体一日にどのくらいの水分を消費しているのだろうか。私は毎朝起きるとすぐ、大きなコップに一杯くらい飲む。人はよく「年寄りの冷や水」などと言うが、人が一晩寝ている間に、血液中の水分が減っているから、補給した方が良かろうと思うし、便通にも役立つ。そして朝食は、たいていパンと牛乳とコーヒーか紅茶と、グリーン・サラダと果物をたべる。昼食と夜食は大抵和食だが、それでも汁やお茶など、かなりの水分を摂っている。

　中には野菜などよりも、肉が大好きと言う人もいるだろうが、例えば牛肉を食べると、水分はないようだが、決して使わないことはない。その牛を飼う間に、多量の水分を与えているからだ。牛は胃袋が沢山あるから、沢山食べるし、他の動物よりも長生きをする。だからその間にとる水の量は、豚や鶏よりもずっと多量だ。勿論《もちろん》その間の排尿や排便の量も多いだろう。しかしこうして牛などの肉は、〝水分の出入り〟で作られていくのである。すると当然、その肉をステーキにして食べても、その人は、

　　ステーキの量／牛の肉の量

といった割合で、水を使ったことになる。その他、ビンや缶に入った飲料を飲めば、その大部分は水分である。こうして人はみな「水のお陰で生きている」と言えるのだ。これは〝肉体〟についての話だが、この肉体は、人がこの世で生活する為の大切な道具であり、乗り物だ。これを大事にして、感謝すると、長持ちがして、故障も起こりにくいのは、自動車やオートバイの時と同じである。

しかも〝肉体〟は主として水を燃料として使っているようなものだから、いつも水に感謝するのがよい。ところで燃料で思い出したが、ガソリンや重油や石炭などの化石燃料は、元もと木材が地中に埋もれて出来たものだから、樹木が水によって養われているように、やはり大いに「水」の恩恵をうけている。たとえ水素が主たる燃料となっても、H_2Oの水は、やはりとても大切な役割を果たしていると言える。しかも質の良い水が大切なのであり、これも海岸や川岸の森や水草で保たれているのである。

温暖化現象

ところが最近は、地球の温暖化現象と言うのが問題となり、大洋の海面が上昇する傾向が発見された。しかし「海の水が増えるのだから、良かろう」と言う訳にはいかないのだ。海面には北極や南極付近に、分厚い氷原地帯がある。地球表面の温度が上がると、その氷が少しずつ融けて、海水となり、大洋全体の分量が増え、海面が上昇する。しかも海水が凍っているときは白っぽいが、融けて大地が現れると、黒っぽくなる。そのため、太陽光線をよけい吸収して、地表の温度が上昇する。こうして地球の温暖化は加速されるのである。

その結果、海面が上昇すると、海水は大陸の海岸線からさらに奥地にまではいりこむ。すると河口近くに作られた町や村は、奥地に退避しなければならず、大都市でも同じことがおこる。退避する面積のない島国（ツバルやモルディブ共和国）では、海底に沈むほか仕方がなくなるのである。だからどうしても「地球の温暖化」をくい止める必要がある。それには温暖化の〝原因〟を除くほかはないだろう。

そして温暖化の原因は、空気中の炭酸ガス等の増加によることが明らかになった。大気の中には酸素と炭酸ガスと窒素化合物などがあるが、植物や植物性プランクトンは、炭酸ガスを吸って、酸素を出してくれる。その酸素を吸って、動物は炭酸ガスを排出する。このバランスがとれていれば良いが、植物が多く伐採されたり、大気汚染によって枯れたりする。さらに自動車や工場の排気ガスで、炭酸ガスや窒素化合物が増えると、酸素の分量が減り、これらは地表近くに留まって、地球上の外気が丁度ビニール・ハウスのようになるのである。

これを防ぐには、どうしても有害な排気ガスを少なくすることが必要だ。工場の煙突から出る排気ガスや、自動車や列車からの排気ガスを制限する必要がある。そのために電気自動車やハイブリッドカー、さらには燃料電池自動車や水素自動車が実用化されたり、開発されつつあるのが現状だ。しかしそればかりではなく、酸素を供給してくれる森林やその他の植物の保護育成がとても大切なのである。

しかも大都市などでは、道路整備や地下鉄工事のために、街路樹などが惜しげもなく切り倒されている。東南アジアでもビンロウジュなどの森林が、燃料や開発のために、どんどん切り倒されていると言うことだ。だからせめて個人でも、「排気ガス」を少なくしようと思って、私もだいぶ前から、歩いて本部へ通っている。すると排気ガスは、吐く息のなかの炭酸ガスぐらいのもので、空気中の酸素は有り難く頂戴する。この頂戴分まで遠慮すると、息絶えてしまうから、やむを得ない次第である。

自然力発電ときれいな水

そこで生長の家では、運動方針の中にも書いてあるように、全国的に太陽光などの発電（グリーン電力）導入を進行しISO14001の取得拡大を実践しつつある。私の住む神宮前の公舎でも、以前から、太陽光発電の装置を屋根の上に取り付けた。このような太陽光や風力や、さらには潮力や、波力、海底と海面近くの海水の温度差を利用する自然力の利用は今後ますます発展開発されていくだろう。そうしないと地球の温暖化が防げないからである。

このように地球全体の環境は地球人のみならず、すべての動植物の運命を支配するが、ことに地球面積の大部分を占める海洋のあり方が問題になる。この大海には無数のプランクトンplanktonが生息している。これは浮遊生物とも呼ばれて、運動能力は殆どないが、大別すると植物性と動物性とがある。このなかの植物性プランクトンは、酸素を排出するから、おおいに大気の浄化に役に立つのだ。大きさは数ミクロンから数ミリメートルぐらいと色々だが、まだ未発見のものが見つかりつつある。分布する範囲は海水にも淡水にも、沼にもいるし、海中では表層、中層、深層など何処《どこ》にでもいる。

しかし植物性プランクトンは、光合成をおこなって酸素を作るから、太陽の光がとどかない所では生息できない。太陽光は澄んだ海洋であるほど良く海底まで届くが、濁った海では多くは住めない。だからどうしても水のきれいな海洋が必要なのである。するとプランクトンの数や種類は実に無限と言って良いくらいあり、その研究は今も真剣に行われているが、大きくは西から東にと流れて往き、同時に上層と下層とが交代しつつ流動しているらしい。従ってこの働きが、地球の温暖化現象に大きく影響することは間違いがないのである。

こうして水は陸地でも、海洋でも、池でも沼でも、何処《どこ》でも全ての命の基盤であり、〝担い手〟であることが分かるであろう。その大切な水が「きれいである」ことは、人の心の「きれいである」ことと〝相即相入《そうそくそうにゅう》〟している。即《すなわ》ち「心の法則」によって、「心が物質に表現される」からだ。例えば心がきれいだと、その人のコトバもきれいになり、「こんちくしょう」などと叫んだり、喧嘩したり、泥棒したりしなくなるようなものだ。心がきれいだと、深切なことをして、顔つきも明るく穏やかになる。心が肉体と言う物質に現れてくるからである。

ところが心が乱れ苦しんでいると、その心は肉体に表現されて、病気になったり、嘘や胡麻《ごま》かしの生活をするようになるのだ。では「きれいな心」とはどんな心か。それは「神様の心」と言ったら良いだろう。そんな理想的な心の人はこの現象界にはいないかも知れない。しかし「実在界」、「神の国」には全ての善いものがすでに実在する。だから人は本来「神の子」だという。その「神の子・人間」を説くのが生長の家である。だから人は誰でも、悪いことをしたら、それは悪いとわかる。そしてまた、良いことをすれば、「ああ良いことをして良かった」と思う。

　こうして又できるだけ多くの人たちが「善行」の練習をしてゆけば、人々の心は必ず「きよらかになる」のである。それにつれて、水も海洋も、大地の森も緑を取り戻し、植物性プランクトンも増えるのである。これは『甘露《かんろ》の法雨《ほうう》』*に書かれている通りだ。

『無明《まよい》はあらざるものをありと想像するが故《ゆえ》に無明なり。
真相を知らざるを迷と云《い》う。
快苦は本来物質の内に在《あ》らざるに、
物質の内に快苦ありとなして、
或《あるい》は之を追い求め、
或は之より逃げまどう、
かかる顛倒妄想《てんどうもうぞう》を迷と云う。
生命は本来物質のうちにあらざるに

物質の内に生命ありとなす妄想を迷と云う。
本来物質は心の内にあり。
心は物質の主にして、
物質の性質形態はことごとく心の造るところなるにもかかわらず、
心をもって物質に支配さるるものと誤信し
物質の変化に従って
憂苦し懊悩《おうのう》し、
われとわが生命の円満完全なる実相を悟ることを得ざるを迷と云う。（前後略）』

人間の本来心

ところが平成十五年の三月にも、今まで折角きれいだった日本の水道水に、毒物が混入した。調べてみるとその出所は、水源の近くに違法廃棄された物質だったという事件もあったが、これも廃棄した人の心の問題である。だから、まず心を本来の心、即ち「神の子・人間」の心に立ち戻らせることが大切なのだ。その「神心」はすでにわれわれに実在している。だから、出す訓練をしさえすれば、出てくるのである。しかも事の善悪を一番よく知っているのは、「自分だ」と言うことが出来る。例えば平成十五年三月八日の『毎日新聞』の「余録」欄に、次のような記事が載っていた。

『ロサンゼルス市警察殺人課のコロンボ刑事はたぶん世界でもっとも有名な刑事だろう。彼を主人公にした米国テレビドラマ「刑事コロンボ」は1970年代に日本でも大ヒットした▲ピーター・フォーク演じるコロンボは見た目はさえない中年男である。いつもよれよれのレインコートを着ている。ところが、ひとたび事件が起きると、徹底した聞き込みと緻密《ちみつ》な推理で見事に事件を解決する。ドラマの冒頭で犯人は分かっている。倒叙法ミステリーの手法が使われていた（続く）』

かつて私も「刑事コロンボ」をよく見たが、少年時代には推理小説もよく読んだものだ。しかもそこから読書の幅が広がったように思う。ついで「余録」氏はこう発展する。

『84年1月19日、東京は午後から大雪になった。「疑惑の銃弾」の連載第1回が載った「週刊文春」が発売された。大反響だった。「編集部の電話は、昼すぎから鳴りっぱなしになった」と当時の取材班キャップは書いている（安倍隆典「疑惑の銃弾　三浦和義との闘い」文芸春秋）▲こうして「ロス疑惑」フィーバーが始まった。人々は倒叙法ミステリーを楽しむように「ロス疑惑」にのめりこんだ。推理作家の島田荘司さんは労作「三浦和義事件」(角川書店)で、日本人は「コロンボ型勧善懲悪ドラマ」を見ていたと指摘している▲「犯人」は85年9月11日、別の殴打事件で逮捕され、さらに88年10月20日には、疑惑本件の銃撃事件で再逮捕された。倒叙法ミステリーなら、めでたしめでたしである。だが、銃撃事件は1審こそ無期懲役の有罪判決だったが、控訴審は逆転無罪、最高裁も検察側の上告を棄却した▲この倒叙法ミステリー、もともと筋書きに不備が多々あった。にもかかわらず筋書きに沿ってメディアは十分に根拠のない「新事実」を争って流した。捜査は過熱する報道に押されるようにして進んだ。メディアも含め私たちの社会にとっては教訓にすべき失敗作だった。』

この三浦和義さんの事件も、多くの人々の関心事だった。しかもこの裁判は「無期懲役」から「無罪」判決へと逆転し、最高裁でやっと「無罪」となったものである。しかし判決での無罪は、「疑わしきは罰せず」の原則から、犯罪の確たる事実が証拠立てられなければ、「無罪」とされるのだ。だから外部の人が、本人がしたことを確実に知ることは出来ないにしても、一番よく事実を知っているのは「本人」自身だといえるのである。

それは彼自身に内在する「神性・仏性」が自然にそうするのであって、これはどの人にも共通している現象である。だからこの「本性」を引き出す作業が、彼の「心をきよめる」ことになる。すると自然に物質界の全てが清まるのである。地球上の海洋も水も同じ物質として、必ず「きよまる」のだ。もし本人が〝無意識〟で犯罪を犯しても、この原則に変わりはない。

例えばそれはある人が無理心中をはかり、誰かを殺して自分も自殺したとしよう。この犯人は、この世では処罰されなくても、この世だけで人生が終わるのではなく、次生《じしょう》があり後生《ごしょう》もある。つまり本当の生命は無限の生命だから、次生・後生のような来世《らいせ》での「心の法則」「業《ごう》の法則」によって、悪業が悪果をもたらし、善業が善果をもたらして、〝来世での教訓〟をうけるのである。このような教訓的働きは「観世音菩薩」の働きとして、天地一切の物や人に内在する。即ち全ては「神の国」、実在は「完全円満」の「実相」*それ自体だという結論になるのである。

*『甘露の法雨』＝谷口雅春著。宇宙の真理が分かりやすい言葉で書かれている、生長の家のお経。詳

しくは、谷口清超著『甘露の法雨』をよもう」、谷口雅春著「新講『甘露の法雨』解釋」参照。(日本教文社刊)

＊実相＝神によって創られたままの本当のすがた。

無限のエネルギーがある

面倒くさい？

近頃は物理科学の発達が目覚ましく、社会の機械化は進歩し続けている。しかし残念なことに、高校生の物理履修率は次第に低下して来つつあるというのだ。平成十四年に昇天された草柳大蔵さんの、『日本人への遺言』（海竜社版）という遺著によると、

『一九七〇年　九二パーセント
一九七二年　八六パーセント
一九八二年　六〇パーセント
一九九二年　二二パーセント』（31〜32ｐ）

と、ひどく低下しつつあるという。そして、

『この低落ぶりに拍車をかけたのは、理科を物理、化学、生物、地学の四科目にして、そのうち二つをえらび、物理は物理Aのようにやさしい科目をつくって、難しい問題や原理的な問題はやらないようにしたことである』

と書かれている。つまり数学でも、自分で問題を解く努力を怠《おこた》り、すぐ問題の解答を丸暗記しようとする〝効率解答〟が良くないのである。「面倒くさい」ことはやめにしようでは、人間の真の実力は引き出せないからだ。これは何も学問ばかりではない。音楽でも、「この曲は面倒くさいから、簡単な曲にしよう」では、絶対に名演奏家とはなれないようなものである。

本来日本人は、清潔好きな国民であった。今でもその評判は海外でも信ぜられていて、よく風呂にはいって身体を洗うが、「面倒くさい」と言うなら、何週間でも風呂には入らないだろう。一年に一、二回という国もあるし、それ以下の国もある。ところが一方では、日本人は道路や山に物を捨てて、不潔な国民だとも言う。富士山が世界遺産に登録されなかったのも、多くの廃棄物や排泄物が〝山ほど〟あったからである。

この精神は、「ゴミを持ち帰るのが面倒くさい」からではないだろうか。ところが一方では、中国近辺にサーズという新型肺炎が蔓延したとき、日本にはひとりの患者も発生しなかった。これは日本人の清潔好きのお陰だろうという評判も聞かれた。いずれが本当か不明な点もあるが、「面倒くさがり」では、到底「神の子・人間」の素晴らしい能力を発揮出来ないと知るべきである。外出先から帰った時はよく手を洗ったり、うがいをしたりするのも、「面倒くさい」のでは不可能だからである。

巨大なエネルギー

「地球温暖化の防止」でも、実は小さなことの積み重ねが大切だ。そのためには各人のエネルギー消費に対するしっかりした構えと、その実行が肝要だが、石油・石炭・木材などの燃焼は多大な炭酸ガス等を発生するから、どうしても温暖化を促進する。そこで生長の家でもハイブリッドの自動車を採用したり、太陽光電池を採用したりしているが、風力発電も大変有望らしいのだ。しかもこの風力と言う「太陽エネルギー」の活用は極めて有力視されてきた。それは平成十五年八月上旬に来た「台風十号」等の、あの暴風雨の威力を見ると明らかだろう。

あの暴風をどれだけの「風力発電機」や「扇風機群」をもって発生出来るか。メディアは〝台風の被害〟ばかりを大々的に報道したが、「エネルギーの偉大さ」には殆どふれていなかった。しかしあの「無限大」とも言えるエネルギーを、もしも「保存」して使えば、全世界のエネルギーを賄えるに違いないのである。それを逆コースにして考えると、台風やハリケーンなどを除いた一部の「風力エネルギー」だけでも、「面倒くさがらずに」毎日必要量だけ各自が使えば、同様の効果が期待出来るだろう。

平成十五年八月十日の『讀賣新聞』には、アメリカ地球政策研究所理事長のレスター・ブラウン氏の、次のような記事が載っていた。

『さる一九九一年に米エネルギー省が行った全米規模の風力資源調査は、世界中を驚かした。風力の最も豊かなノースダコタ、カンザス、テキサスの三州を合わせれば、全米の電気エネルギー需要を満たすだけの風力エネルギーが利用可能だとしていたからである。そして今回、スタンフォード大学の技術者チームによる新しい研究報告では、風力エネルギーの実際の潜在能力は、この九一年の推定よりもはるかに大きいことが明らかにされた。

風力タービンの設計は、九一年以来、大きく進歩した。より小さな風速で、より多くの風力エネルギーをとらえ、より大きな電力エネルギーを取り出せるようになった結果、利用可能な風力資源の量が劇的に拡大した。これに加えて、最近は、海岸の沖合の風力資源が、多めに見積もられるようになったこともあって、風力が巨大な資源であることは、ますます明白になってきている。風力は全米の電力需要だけでなく、あらゆるエネルギー需要を満たすことが可能なのである。（続く）』

「風力タービン」即ち「風力発電機」の開発は日本でも最近大いに進歩してきて、微風でも強風でも作動するように進んできつつある。例えば平成十五年七月二十三日の『産経新聞』には、次のような記事があった。

『航空運用システム研究所（東京都港区）は二十二日、そよ風程度の微風でも起動し、設置コストを従来の半分にできる小型風力発電機の試作に成功したと発表した。今後は日本大学と共同で、実用化を目指す計画だ。

従来の風力発電機の多くは、海沿いのがけの上など強風の通り道に設置され、約六十メートルもの羽根が轟音《ごうおん》をあげる巨大な風車型。特定の風向にしか対応できず、一基約五十億円にものぼる。

同研究所が試作した小型風力発電機「シグナス・ミル」は、アルミ合金製の羽根五枚が水平に回転する垂直軸方式。断面が平仮名の「つ」の字状になっている羽根がどの方向からの風もとらえ、風速〇・八メートル（扇風機の微風程度）の風でも動く。

実験では十二メートルの風で毎時三百五十ワットを発電し、騒音や振動はほとんどなかった。

野口常夫所長は「単純な構造で量産可能。実用化の段階では、一基二十万円以下で設置でき、発電量あたりのコストは半減できる」と説明。一式で約三十キロと軽量なので、ビルの屋上や公園、山小屋などさまざまな場所に設置可能。日本大学と共同で、発電効率の向上や大型化に取り組むという。』

新しい風力タービン

さらに又、平成十五年八月五日の『毎日新聞』には、こんな記事も載っていた。

『埼玉大工学部と東京工芸大、フジタなどの研究グループ（代表、川橋正昭埼玉大教授）が、扇風機サイズの小型風力発電を開発した。騒音が少なく、マンションの屋上など狭い空間を利用できる。構造がシンプルで、維持管理も容易なため、実用化が期待される。

同グループによると、風車はポリカーボネート製で直径50センチ、重さ5キロ。羽根の面積を大きくして回転効率を高めた。風速12メートルで50ワットの発電が可能という。風速4メートルで消費電力の低い無機ＥＬ（エレクトロルミネッセンス）の看板（1メートル四方）なら10台の風力発電で点灯できる。風力発電特有の騒音や振動が少なく、住宅近くにも設置できる。

ビルの屋上などでは風が強く、地上１００メートルでは約３倍の強さになる。屋上などの空きスペースの有効活用を検討したフジタが、同大に提案。00～02年度に共同研究を行い、発電機７００台を試作した。

現在は埼玉大に32台設置。千葉県銚子市のＪＲ銚子駅前や、北海道の民宿など協力団体・個人にも無償で提供し、データの提供を求めている。【加藤潔】』

このように世界の先進国では、いち早く太陽のもつ無限大のエネルギーの活用をめざして、風力の電力化を進めているが、さきに紹介したレスター・ブラウン氏は、さらに又こう述べておられる。

『欧州風力協会（ＥＷＥＡ）と国際環境保護団体グリーンピースは、地球規模の風力資源を評価する共同研究「ウインドフォース12」を実施した。その結論によると、世界の風力による発電能力は、仮に地球上の陸地のうち開発可能なのが10％だけだと仮定しても、二〇二〇年に全世界で予測される電力需要量の二倍に相当する。

もっと風力の豊かな過疎地では、これよりはるかに大きな割合の土地を風力発電に使用できる場合もある。たとえば北米の大草原地帯「グレートプレーンズ」や中国北西部、シベリア東部、アルゼンチンのパタゴニア地方などである。これに沖合の潜在的な風力資源が加われば、風力は世界規模でも、電力需要ばかりでなく、エネルギー需要全体を満たしうることになる。

過去十年間にわたり、風力はエネルギー資源として、世界で最も急速に成長し続けてきた。発電能力は、一九九五年の四千八百メガ・ワットから、二〇〇二年の三万一千百メガ・ワットへと増大した。六倍を超える驚くべき成長率である。

風力の人気が高いのは、それが豊富に存在し、安価で枯渇せず、気候にやさしく清潔だからである。これらの特徴に太刀打ちできるエネルギー源は、ほかにない。（続く）』

水素を燃料とするとき

我々は「人間は神の子である」と確信し、「無限力の持ち主だ」とも言うが、同時に山も川も動物、植物、鉱物、そして大宇宙の全ての「実在」即ち「実相」が、「神の国」であると言う。それが真実ならば、まだ活用されていない「エネルギーの開発」がこれからも無限に続くものと断言できるだろう。すると当然戦争などをして、他国の資源を奪ったり、汚い核分裂のエネルギーのみに頼る愚かさからも脱却できるのである。

さらに最近は科学技術の発達により、自動車のエンジンも、水素を使って走る「燃料電池車」が実用化されようとしていて、リースでは実行されている。これは「水素」と空気中の「酸素」を結合させて、電気と水を排出するという〝法則〟の活用だから、地球の空気を汚さない極めて環境に優しい理想的な車だとされている。ただ欠点としては、現在まだ水素ガスを供給する「ガス・ステーション」の建設が大変少ない点だ。しかしこの技術は日本が最先端を進んでいるという話である。

ところが「オイルの代わりに水素ガス」の問題で、最近アメリカから異論が提出された。平成十五年七月二十九日の『ジャパンタイムズ』紙に、CHARLES CHOI氏のこんな記事がのっていた。その要点だけを紹介すると、結論としては、「水素ガスを作るには、多大の費用がかかる」というのだ。現在の人工衛星打ち上げ用の水素ガスは、天然ガスを燃やして作っているが、これでは炭酸ガスを多量排出してしまう。しかも完全にオイルを水素ガスにかえるには、グラント氏の計算によると、アメリカで一日に二億三千万トンの天然ガスを必要とする。これはスペースシャトル二千二百機を打ち上げる分量に相当すると言うのである。

そこでどうしても水素ガスをもっと安く作ることが出来なくてはならないし、水素ガスを作るために炭酸ガス等の排出物を出さない方法を取る必要があることになる。それには風力や太陽光や引力や潮力などの利用が最適なのである。

無限の智慧がある

即ちレスター・ブラウン氏によると、この風力発電が最適だと言うのだ。

『一九八〇年代の初めに一キロ・ワット時当たり三十八セントだった風力発電のコストは、現在、立地条件の良い場所では、ほぼ同四セントに低下している。最近、米国と英国で調印された幾つかの長期契約は、一キロ・ワット時当たり三セントで電力を供給する内容となっている。

ウインドフォース12の予測によれば、二〇一〇年には同二・六セントに、二〇二〇年には同二・一セントに低下する。また、米国の著名なエネルギー問題専門家は、風力タービンが自動車のような大量生産方式で製造されるようになれば、風力発電のコストは、一キロ・ワット時当たり一、二セントにまで下がるはずだと述べている。(中略)

いまや風力は、活発で将来性のある、急成長産業である。風力で得られる安価な電力は、水を電気分解して水素を製造する上でも経済的である。水素は、効率の高い燃料電池の燃料として最適である。そして将来、自動車を動かしたり、建物に電力や冷暖房を供給するため、燃料電池が広く使用されるようになるだろう。また、風力エネルギーを水素に変えれば、貯蔵することもできる。パイプラインを使ったり、液状にして船に積んだりして、効率的に輸送することも可能となる。

風力産業に関連する技術的知識と製造経験さえあれば、この産業の規模を拡大することは比較的容易だろう。必要とあれば、何年間かにわたって、毎年、倍増を続けることさえ不可能ではない。

たとえば、熱波で収穫が減って食糧価格が上がり、その結果、気候温暖化の原因である炭素排出量を減らすべきだとの世論の圧力が高まったとする。そういう場合も、風力と水素なら、直ちに石炭、石油にとって代わりうる。また、水素燃料自動車に大急ぎで切り替える必要が生じた時でも、さほど高価でない転換装置を用いてエンジンを改造すれば、燃料をガソリンから水素に変更することが可能である。

エネルギー関連の投資家にとって、将来の成長が期待できるのは、風力と、安価な風力発電を用いて生産される水素である。太陽電池の売り上げも、年間30%以上の割合で伸びている。太陽電池は、主として発展途上諸国の村落で電気のない暮らしをしている十七億の人々に対して、電力を供給するようになるだろう。だが、現代的な経済を動かすのに必要な、ばく大な量のエネルギーを供給するとなると、太陽電池のコストは、依然として高い（注・日本では、家庭用電気料金の二—三倍）。』

このように水素はガスにしても、液化して使えるし、広い海上の風車からも採取でき、発展途上国にも電力として供給出来るという柔軟性をもっている。この柔軟性が非常に大切だ。一九九五年から二〇〇一年までの間に、風力エネルギーの量は三十二％伸び、太陽光電池エネルギーは二十一％のびたそうだ。

これからも人類は益々多くの智慧と愛を現し出して、略奪やインチキや、脅しやウソ八百のない「神の子」らしい明朗社会を建設すべく、正しい信仰心を拡大強化して行かなければならないと、強く切実に考える次第である。最後に「地上に天国を成就する祈り」の中の一節を記載しておくことにしたい。

『神の子である人間は永遠の進歩、無限の生長が約束されているのであるから、人類の進歩も駸々呼《しんしんこ》として永遠に続くのである。人類の愛と智慧と能力《ちから》も永遠に向上し、進歩し、愛は一層深くなり、智慧は一層精《くわ》しく、明らかとなり、能力も無限に増大するのである。見よ、人工衛星の発達を、金星ロケットの発明を、火星の写真の精細なる撮影を、月の裏側の撮影を。かくして人類の能力《ちから》は無限に発達しつつあるのであって、どこまで発達し、今後、何が試みられるかは全く予測することができないのである。驚くべきは人間に内在する力である。神の無限の智慧と能力《ちから》と愛とが自己の内に宿っているのである。』（『聖経・真理の吟唱《ぎんしょう》*』三〇八頁）

*『聖経・真理の吟唱』＝谷口雅春著。霊感によって受けた真理の啓示を、朗読しやすいリズムをもった文体で書かれた〝真理を唱える文章〟集。（日本教文社刊）

2　無駄な物は一つもない

大切なものばかり

要不要

学校の成績が悪かったり、友達や家族に無視されたりすると、自分なんか此《こ》の世に要《い》らないのではないかと思う人がいる。しかしそんな心配こそは要らないのである。此の世に不必要なものは何一つない。木《こ》の葉一枚でも役に立ったのだ。それだけ地球の大気の酸素を増やし、虫の幼虫を養い、地に落ちては有機肥料の一部となったからである。

平成四年六月八日の『讀賣新聞』の〝古書散策〟というコラムに、こんなことが書かれていた。古書店を経営している作家の出久根《でくね》達郎さんの一文だが……

『ダンボール箱で二十個ほど客から小説本を買い入れたら、なんと全冊カバーがない。読む時わずらわしいのでカバーは捨てた、と客は事もなげに言う。内容さえ読めれば足りるのではないか、不都合でも？と言う。

確かにその通りだが、丸裸の本が書棚に並んだ光景は、いかにも無残である。最近の本はことにノッペリとして見栄えがせぬ。第一、古本としての引き取り値は格段に安くなる。

そう話したら、とたんに〝カバーは全部保存してある〟と客が目の色を変えた。カバーだけ別の箱に入れてあった。よかった。私はカバー代を支払った。結局まともな本代である。

さて店番しながらカバーと本体をつきあわせてみたのだが、一冊として合致しないのである。よくよく調べると、カバーの方は古い。

数年前に一度本を整理したそうだから、このカバーはその本のものに違いない。今さら苦情も言えぬ。カバーの山を前にして青息《あおいき》をついていると、それは売り物か、と店の客が聞いた。装丁《そうてい》の勉強でカバーを収集している、是非《ぜひ》譲ってほしい、と懇望する。願ってもない、得《え》たりや応《おう》、というものであった。

ところでカバーはどのように集めるのか、と私はたずねた。考えてみれば不思議な話で、カバーだけ売っている本屋はあるまい。

本を買うんですよ、と客は当然という顔で答えた。で、中身はどうするんです、と畳みかけると、中身?内容は全く必要ないんですよ、とこれまた当然のように答えた。』

このように人によっては中身だけ要ると言う人もいるし、カバーだけと言う人もいるし、私のように本のカバーのその上に巻いてあるこしまき（正式にはおび）を取ってしおり代りに使っている者もいる世の中である。

ボルト四本

ことに人間ともなると命《いのち》がある。その上個性がある。木の葉一枚にも同じ葉脈のものは何一つないと『真理の吟唱』には書かれている。そう考えると、小さなものでも、とても大切な使命を果たしていると言えるのだ。かつて新幹線に「のぞみ型」の速い車両が出来たが、平成四年五月六日に緊急ブレーキが作動して、四時間も立ち往生したことがあった。その原因はモーターを取り付けてあるボルトが四本脱落したからだと分った事故があった。

それもネジが弛《ゆる》んだからということだ。工場ではちゃんと締めたのに、塗料がよく乾かない間に取り付けたから塗料が乾燥して隙間《すきま》が出来、震動で脱落したらしいという話である。何処《どこ》に責任があるかで、もしメーカー側に責任があるとなると、何千万円かの賠償をしなければならないから、ボルト四本でも大変な値打ちものである。決していい加減に取り扱ってはいけないということがわかるのではないだろうか。

函館市上野町五の五に福島範子《のりこ》さん（昭和四十二年一月生れ）という元気のよい娘さんがおられたが、姉さんの福島邦江さんは函館教区青年会*の委員長で大活躍中だ。ところで範子さんが生長の家を知ったのは小学校二年生の頃だった。中身はよく分らないが、おばあさんが前から信仰していて、家には毎月『白鳩*』誌と『光の泉*』が送られて来ていた。おばあちゃんは目が見えず、そのため姉妹が本を読んで聞かせていた。すると何となく善《よ》い事が書いてあるなあと思うようになった。

ことに「人間は神の子である」「完全円満である」と言う言葉が強く心に響いたということだ。

五年生くらいからは、お腹が痛くなったりすると「私は神の子完全円満有難うございます」と唱《とな》えてお腹をさすったりするようになった。受験の時も、「私は神の子完全円満、○○校に入ることが出来ました」などと、日記に書いて祈ったりするようになった。こうして高校に入り、それから専門学校にも合格した。

姉さんが素晴しくなるとともに、彼女も見真会《けんしんかい》*に参加して、青年会の活動をし始めた。今彼女は駅前のデザイナーブランドの店長をしている。毎日お客さんに「有難うございます」を唱えて、明るく楽しく有意義な日を送っているという事だった。

いのちの価値

こんな明るいニコニコの生活をしているから、お店の売り上げも順潮で、平成四年三月には函館にある洋服屋さんの中で最高の売り上げをしたという話である。会社からも沢山《たくさん》ご褒美《ほうび》を頂いた。さらに色々な人から相談を受けると、先《ま》ず『甘露の法雨』をプレゼントする。そして、

「これには善い言葉が沢山書いてあるから、読んでみるとよく分るよ」とか、

「これを読むと気持が何か落着いて来るから、読んでみて」

と勧《すす》めるのだ。さらに『理想世界*』も勧めるし、聖使命会*も勧めている。

最近彼女の学生時代の友人から電話があり、相談したい事があると言う。じゃ家にいらっしゃいと言うので、訪ねて来た。聞いてみると、「赤ちゃんが出来た」と言う。

「彼と相談したんだけれども、堕《お》ろそうということになった。でも病院で自分のお腹に

いる赤ちゃんをカメラで見た時、すごく小さいけれど動いているのが見えた。それから段々気持が変って来て、産みたくなったんだけれど、どうしていいかまだ決心が着かない……」

と話すのであった。そこで範子さんは、どんなに小さい命でも皆人間で、それは神の子である。それを堕ろすというのは殺すことだから、人殺しになる。だから絶対に産んで欲しいと、心を込めて話したのである。そしてその時の機関誌*にも、子供を堕ろした女の子の話が載っていたので、その機関誌を二人で又読み直して話し合った。

すると彼女も最後には泣いて反省し、それでは何とかして産みたいということになり、彼と相談すると言って帰った。

それから四日後に又電話があり、「産みたい」と言ったら彼もその気になり、「一緒に育てよう」と言ってくれたという。平成四年の十二月にはこの赤ちゃんが生まれることになっているという話であった。

この世に一人の命が救われるということは、何億円のお金が儲《もう》かるよりもっとはるかに素晴しいことだ。何故《なぜ》なら一人の子供の命は何億円出しても買えないし、何兆円でも買えるものではないからである。

その命を救うということは、とても大きな善業《ぜんごう》になる。すると必ず善い報《むく》いが出て来るし、この「業《ごう》の法則」はどんな破壊力をもってしても破壊することは出来ないのである。

愛ちゃんの話

人間の赤ちゃんは勿論《もちろん》だが、一羽の雀でも鳩でも尊い命である。だからこれを救うことは善いことだ。この世にあるどんなつまらぬものでも、本当は素晴しい使命を持っている。その子が大きくなってどんな良い働きをしてくれるか、誰にも分らない。素晴しい愛深い人になり、世界に役立つ仕事をするかも知れないし、しないかも知れない。それはその子の父にも母にも分らないが、その子を生む前にこの子の命を殺す権利があるはずがないのである。見えないから殺す、見ないから捨てる、というのでは、まさにキリストの言われた、

『されど見ゆという汝《なんじ》らの罪はのこれり』（ヨハネ伝九の四十一）

ということになるのであろう。

奈良県五條市今井という所に住む新城忠子《しんじょうただこ》さん（昭和三十三年三月生れ）は二歳に

なった長女の愛さんの病気でとても苦しんだ。最初突然血尿が出はじめ、奈良県立医大病院で小児癌《がん》と診断された。しかも末期に近いと言われたのである。さらに又腫瘍《しゅよう》の部分が大きいので、手術も出来ないし、肺にも転移している。正月に入院したが、このままでは夏まで持たないだろうと言われた。

愛ちゃんは自分の病気の事をどうして知ったのか、「もう一度桜の花が見たかった」などと言う。さらに母の顔がやつれているのを見て、「こんな顔になるのは、愛ちゃんのせい、御免《ごめん》ねお母さん」などと、二歳の子供とは思えないようなことを言うのである。忠子さんは一心に『甘露の法雨』を誦《あ》げ続けた。その姿を見て病院の先生はかえって母親のことを心配し、「子供の事を心配して、自殺するかも知れない」と気を使うくらいであった。

しかしこんな愛と信仰のお蔭《かげ》で何時《いつ》しか腫瘍の大きさが小さくなり、肺への転移も消え、手術が出来るようになった。病院ではそれから一年半は治療をしなければならないと言われ、入退院を繰り返した。そのうち白血球が減少して、無菌室に入れられた事もあった。その間色々の人の祈りと励《はげ》ましを受け、看護婦さんにも大変お世話になったのである。

こうして愛ちゃんはついに健康体になることが出来たが、人の命はこんなにも大切にされるのが当り前で、「堕ろしてしまえ、面倒だ」というのは全くの迷いであり、自由の履《は》き違えであると言う外《ほか》はない。しかもこの愛ちゃんは有名人でもなく天才という訳《わけ》でもない。それでも彼女のお蔭で忠子さんは「神の子人間」の信仰を深め、多くの人々の愛念を知り、感謝の生活に入ることが出来たのだ。そして又ふと気が付くと、今までバセドー氏病の治療を受けていたのが、すっかり良くなっていたということであった。

中身の値打ち

幼な子は誰でも自分にどれだけ値打《ねう》ちがあり、生きる価値があるかなど知らないものだ。でも「生きる」という事に無限の価値があり、生きることによって父母を初め多くの人々が救われ、教えられ、信仰を深め、生き甲斐を感じたりするのである。

だからどんな人でも皆尊い存在である。人でなくても、獣《けもの》でも虫でも皆尊いのである。多くの人が捨てて顧《かえり》みない屑や廃物でも思い掛けぬ価値があるものだ。平成四年六月八日の『日本経済新聞』の春秋《しゅんじゅう》欄には、こんな記事が載せられていた。

『九州の茶どころ、福岡県八女《やめ》市の農家から新茶をいただいた。普通のせん茶のほかに

「食用茶」が入っていた。よく蒸して軟らかくした茶の細かく砕いたものだ。「無農薬栽培のお茶です。安心してお試し下さい」と添え書きがある。とりあえず熱いご飯にふりかけて味わった。新茶の香りがほんのりと口の中に広がる。

▼お茶はもっぱら飲むものと思っていたが、そうではなかった。東京の池袋第一小学校では給食の材料にお茶をとりいれている。メニューに変化をつけるため栄養士さんが工夫した。お茶はもともと健康食品だが、飲むより食べる方がビタミンやミネラル、植物繊維をよくとれるそうだ。ある学者は食べるお茶の効用を学会でも発表し、お茶を食べる健康法を勧めている。

▼たまたま二日の本紙静岡版にも「お茶の葉どうやって食べる？」という記事があった。県下の農協や茶問屋、小売店、食品メーカーなど百五十社・個人が「お茶を食べる会」を旗揚げしたという。狙いはもちろん需要の拡大だ。アイスクリームやカステラに「風味添加物」として粉状のお茶を混ぜる程度では足りないと、秋を目標に食べるお茶の新製品開発に乗り出す。

▼八女からの手紙には「酢の物やサラダ、つくだ煮には、出しがらの方が苦みが少なくていい」「つくだ煮にするにはしょうゆ、砂糖、みりんで空いりして下さい」とあった。

ずいぶんいろんな食べ方があるものだ。池袋第一小ではまぜご飯や天ぷらの衣に入れ、から揚げやスパゲッティにもふりかける。専門家の集団である「お茶を食べる会」からは何が飛び出すだろうか。』

皆役に立つ

昔から「女の子はお茶の出しがらで育つ」などと言われていた。こんな言葉は今使うと「男女差別」の最《さい》たるものと、批難《ひなん》されるだろうが、男の子より女の子の方が肉体的に育てやすいという意味がある。それと共にお茶の出しがらも食べられたということだ。事実茶は煎《せん》じて飲むより、じかに食べる方が栄養分が摂《と》れて素晴しいことが知られている。その中にあるビタミンも繊維質も利用できるのだ。

繊維質には動物性と植物性とあるが、大抵捨てられてしまうことが多い。しかし繊維質には大変重要な役目があり、その摂取量が減ると肉体が虚弱になる。芋の尻尾《しっぽ》やおかいらや魚のあらには繊維質が沢山ある。これらが大腸に送られ一部吸収されると、体内細胞に取り込まれてそれを強化する。癌の発生を防止するし、その転移を防ぐ働きがある。

つまり繊維は単なるかすではなく、人間の健康に役立つ大切な素材である。それを食べにくいと言って敬遠し、食べ易《やす》く甘く柔かいものばかりをたべると、どうしても歯や骨が弱り、健康に障害がでる。繊維は「かす」ではないことを知る必要があるのだ。

そうかといって、金《きん》のような高価なものにもかくれた働きがある。金製剤の摂取が発癌を抑えるという実験報告の記事が、平成三年九月五日の『日本経済新聞』に載せられていた。

『慢性関節リューマチの治療薬として広く使われている金製剤（金を含む水溶性の有機化合物）に強い抗ガン作用のあることを、平野隆雄順天堂大医学部講師（内科）と北川寛へキストジャパン基礎研究所研究員がマウスの実験で確かめた。

金製剤の抗がん作用が見つかったのは初めて。ごく微量で効くため、抗ガン剤として使える可能性がありそうだ。十一日から東京で始まる日本癌（がん）学会で発表する。

平野講師らは、金製剤が体内の免疫増強物質の活性を高めることから、リューマチだけでなく、ガンにも効くのではないかとみて動物実験に取り組んだ。（後略）』

ゴミを焼却する排熱がエネルギーとなり、森林の間伐材《かんばつざい》が割箸《わりばし》となったりするのだ。むだに見えても、決してむだではなく、役に立たぬ人も物も何一つないということを知らなければならないのである。

＊青年会＝生長の家の青年男女を対象とし、生長の家の真理を学び実践する会。
＊『白鳩』＝生長の家の女性向けの月刊誌。
＊『光の泉』＝生長の家の中・高年男性向け月刊誌。
＊見真会＝生長の家の教えを学び、実践する集い。
＊『理想世界』＝生長の家の青年男女向け月刊誌。
＊聖使命会＝生長の家の運動に賛同して、月々一定額の献資をする人々の集まり「生長の家聖使命会」のこと。
＊機関誌＝生長の家の会員向け月刊誌。『生長の家相愛会』『生長の家白鳩会』『生長の家青年会』の三誌がある。

いのちは大切だ

はや寝はや起き

人はだれでも、命の大切さを知っている。だから病気になったりすると、嫌だし、死にはしないかと思って、心配する。戦争でも起こると「反対」と言うだろう。死なない戦争なら「賛成」する。だから子供は大抵、チャンバラや戦争ごっこをして、遊んだものだ。ドラマや芝居を見て喜ぶのも、「本当に死んだのではない」と知っているからに違いない。

そして又病気をしない為には、肉体を大切にして暮らすことも知っているはずである。そのためには夜は早く寝て、朝は早起きすると良いことも、知っているだろう。ところが実際は、その逆をしている人が沢山いるのである。例えば平成十五年三月二十三

日の『讀賣新聞』には、こんな投書が載《の》っていた。横浜市の中学生、大木美里さん(14)のもので、

『私の友だちの中には、塾に通うなどして帰りが遅くなるためか、学校で寝ている人がいる。睡眠の大切さを知らないのだろうか？　私はたっぷり七、八時間寝ないとだめだ。翌朝、頭が重く、働かない気がする。勉強にも集中できない。

今は眠らない社会になっている。コンビニも二十四時間営業で、テレビも深夜遅くまでやっている。親の生活に巻き込まれ、幼児にとっても大切な睡眠時間がどんどん奪われている。

いつか昼と夜がひっくり返ってしまうのでは、ふとそう思うときがある。寝ている間が一番、体と精神ともに成長する。なのに、現代のほとんどの子供は寝不足だ。これで大丈夫なのだろうか。将来がとても心配だ。勉強も大切だと思うが、睡眠はそれ以上に必要なものだと思う。』

この大木さんの言う通り、夜は寝ることがとても大切で、健康にも、勉強にも役立つ。しかし寝てばかりいてはダメだから、朝ははやく起きて勉強すると、ぐんぐん憶えられる。しかも朝ご飯がおいしく、いろんなおかずが食べられる。それがさらに健康に

役立ち、長生きができるのである。

しかしいくら長生きしても、この肉体は何時《いつ》かは死ぬ。これも知らない人もいないはずだ。では「いのち」はそれまでか、もう無くなるのか、と言うと、「そうだ」と言う人と、「そうじゃない」と言う人とが出てくる。では一体どっちが正しいのだろうか？

神の子・仏の子

もし「いのちが肉体と共になくなる」のなら、「一体、何のために生きてきたのか」と言う疑問が出るだろう。勉強するのも、仕事をするのも、「何にも無くなるために」では全くつまらない。お墓に入って、骨や灰になって、何時《いつ》までもジーッとしているのなら、はじめから「灰のまま」か、「石や砂」のままの方が、よっぽど増しではないか。

そんな命なら、大切にしたり、「命の尊厳」などと言って、気取ったりするのは、おかしいだろう。悲劇と言うより、喜劇のようだ。「戦争で死ぬのは嫌だ」と言うのも変だし、「人殺しはいけない」と言うのも、意味がなくなる。

「どうせ灰になるのだから、はやく灰にしてあげた。その方が苦労がなくて、嫌な勉強や仕事をしなくても良くて、ありがたいだろう」

と言う人が出てきても仕方がない。つまり「人生そのものが無駄」と言うことになる。これでは〝生き甲斐〟がないから、だんだん食欲もなくなるし、朝起きも厭《いや》になる。こうして結局身体を壊して、ご希望通りの「灰になる」のである。

そのため、早々と「自殺する」人も出てくるし、パソコンで何人か連れをさそって、自殺する為に「練炭」を買ったりするのだ。こんなことをして、親兄弟姉妹を悲しませると、さあ死んでからが大変だ。死んだと思っていると、生きている。ただ、「あの世」と言って、この「肉体の人生」とは違う別世界に行くのである。

何故《なぜ》なら、もう肉体は焼いて骨と灰になっているからだ。そんな灰などを使って「肉体人生だ」とは言えないだろう。実はこの肉体は、本当の人間の「いのち」の使う道具であり、乗り物みたいなものだ。「いのち」はどこまでも死なないで生きている。だから尊いのであり、これを「神の子」とよび、「神さま」としてお祭りしたのである。

何故なら、日本語のカミとは、「火水《かみ》」とか「隠れ身《み》」即ち「隠れて見えない体」と言う意味があるからだ。肉体が死ぬと、その「いのち」はもう見えなくなる。それ故神道では、カミとしてお祭りした。だから「神」とか「神の子」とか言う。これは犬の子は犬であり、猫の子は猫であるようなものである。そこで吾《われ》われは「神の子」である人の

「いのち」はとても尊くて、「神」として尊敬し礼拝するのである。

人はよく神社やお寺にお参りすると、合掌して拝むだろう。そのように神様でも仏様でも、〝拝むくらい尊い〟ので、肉体人間のときから、お互いに拝みあっても、おかしくはない。だから生長の家の人がお互いに拝みあっているのを見ることがある。

「変だな……」

と思うかも知れないが、肉体が生きている時には、その肉体が神社や仏壇みたいなものだから、それを拝んでも良いはずだが、無理に拝めと強制するわけではない。しかしお互いに肉体も大切な「お宮だ」と思って、いい加減に汚くして置いたり、病気になる様な無茶な生活をしてはいけないのである。

あいさつをする

さて神社やお寺の境内にはよく沢山の樹木が植えてある。それはそんな樹木もみな「神のいのち」が宿っているからだ。だから人間も、樹木に囲まれた森や林の中に入ると気持ちが良いし、心が落ち着く。〝森林浴〟とも言うのであり、健康にも大いに役立つ。だから都会に住んでも、なるべく庭に樹木を植えたり、公園やお宮などの木の多い所で過ごす時間を持つとよいだろう。

そんな意味では、都会の人よりも、田舎の人の方が、恵まれているとも言える。だからおとうさんが転勤になっても、子供たちは「田舎に行くのは嫌だ」と頑張るものではない。何処《どこ》に住んでも「住めば都《みやこ》」といって、それぞれが長所を持っている。その長所を探して、感謝して暮らすのが、「いのちを大切にする」一番良い方法である。それには先ず「コトバの力」を活用して、あいさつをするのがよろしい。言葉には実現力があるからだ。

例えば平成十四年五月一日の『産経新聞』には、埼玉県熊谷市の礒部由紀さんと言う方の、こんな投書が載っていた。

『小学生は通学班を作って登校するが、集合場所で友達に会っても「おはよう」とあいさつしない。

黙って集まり、並び、歩いて行く。先日マンションの管理人さんが「おはよう！」と皆に声をかけたのだが、子供たちは知らん顔だった。

家では二人の娘にあいさつをするように言っているのだが、あいさつをしても相手が「おはよう」と言ってくれないという。

通学班会議のとき、小学三年の娘が「朝会ったときにはあいさつをしたほうがいいと思います」と提案してみたそうだ。そうしたら、小学五年の班長と副班長に「それはしなくていいんだよ」と言われてしまい、それで終わってしまったという。

父母には交通当番があって、毎朝交代で横断歩道のところに黄色い旗を持って立つが、子供と目が合って「おはよう」と声をかけてもほとんどの子供が知らん顔をしている。そして、横断歩道を渡る瞬間に、皆一斉に「おはようございます」と言いながら歩いて行く。これがマニュアル通りのあいさつと心得ているらしい。

学校の教育方針には「あいさつのできる子」とあるが、これで本当にあいさつができているといえるのだろうか。（主婦）』

物を大切にする

挨拶をするのはとても良いマナーだ。相手を尊敬することであり、尊敬するとこちらも又尊敬される。神の子はそうするのが「当たり前」ではないだろうか。人を尊敬するばかりではなく、植物も動物も物や道具もやはり大事にする心が、人生をあかるくする。やはり平成十四年の五月十日の『讀賣新聞』には、こんな投書があった。

主婦　館下美優貴　38（北海道釧路市）

『この春、息子が小学校に入学した。ランドセルや学校の指定用品は買いそろえたが、今まで使っていたものも極力、利用するようにした。幼稚園で使ったパステルクレヨンや色鉛筆などは汚れをとって名前シールを付け直し、足りなくなった色だけを買い足した。でも息子に聞くと、そのような子はほとんどなく、大部分は真新しい文具をそろえていたという。

また、小学四年の娘の授業参観で目にしたのは、真新しい筆入れやカバン、リュックサックなどだ。進級する度に新しく買い替える子が大半だと、娘は言う。

新学期を新鮮な気持ちで迎えられるよう、必要な物はしっかりそろえてやりたい。だが、まだ使える物は最後まで大切に使うという喜びも味わえるようにしてやりたいと思う。汚れた物は洗い、小さな破損は補修してやればよい。

物があふれ、新しい物を簡単に買うことができる時代だからこそ、大切に使い続けるべき物を的確に判断する力を養ってやりたいと思っている。』

ランドセルでも動物の皮や、植物の布や石油から取った人工繊維から出来ている。だから、一本の鉛筆でも、大切に使うのは、これらの命を大切にすることだ。するとその心は、私たちの方にも返ってきて、人のいのちも長持ちがする。地球の資源の保護に役立つ。その第一は「食べ物を大切にする」ことがあげられる。よく道ばたに、食べかけた弁当くずが、そのまま捨てられているのを見るが、これはとてももったいないし、その掃除までも他人に押しつける行為である。

こんなことをしていて、〝良い報い〟が返ってくるはずがない。たといみんなタップリ食べたよ、と言っても、こんな話もある。平成十四年四月二十八日の『産経新聞』によると、

『愛知県尾西市の同市立第一中学校（吉川優校長）の三年生男子生徒（一四）が給食の時間にパンの早食い競争をしてのどに詰まらせ、死亡していたことが二十七日、分かった。一緒に競争した同級生は教諭に「テレビ番組をまねた」と話しており、同校は全生徒に危険な競争のまねをしないよう注意した。

同校によると、男子生徒は二年生だった一月十五日昼、教室で同級生男子二人とパンの早食い競争をした。生徒はパンとサラダを食べ、牛乳を飲んだところで教室を飛び出し、教室の向かい側にある手洗い場で吐こうとしたが、意識を失いその場に倒れた。

担任教諭がほかの生徒に職員室に連絡させ、学年主任が一一九番。病院に運ばれる

間、養護教諭がのどに詰まった食べ物をかき出すなどしたが、既に心肺停止状態だった。生徒は病院で自発呼吸を取り戻したが、意識不明の状態で入院を続け、約三カ月後の今月二十四日、死亡した。

病院は「生徒はほかの病気などは見当たらなかったため、早食い競争が原因で死亡したと考えられる」としている。

早食い競争をしていた教室には担任教諭もいたが、気付かなかったという。同校の寺西道夫教頭は「このようなことがあって非常に悲しい」と話している。』

コトバの力

これは学校がさせたのではなく、生徒達が勝手にやったようだが、とうとう一人の生徒は命を失った。テレビの発達は文明の進歩のように見えるが、機械でも何でも、その使い方、つまり使う人たちの「心の持ち方」が何よりも大切だ。おもしろ半分で、視聴者を沢山集めようとして、「早食い競争」などを放送する。こんな放送も、コトバの一種だから、そのコトバの力で、生徒に下らないまねをさせ、放送局のお金儲けのために人々の「いのちを殺している」と言えるだろう。

だから常に「よい言葉の書いてある」本を読んだり放送を聞き、聖典や真理の本を読み、世の中にある「真・善・美」に心を振り向けるようにして「楽しい毎日」を送ろう。最後にもう一つ、同新聞の四月二十九日の投書から。

『　　　　書家　坂本玲子　70（広島県福山市）

今年一月で七十歳になった。ある日、気がついたら、立ち上がるとき、座るとき、物を持ち上げるときなどに「よっこらしょ」「どっこいしょ」と言っている。ぞっとした。こんな掛け声は出したくない。考えた末、同じ掛け声でも「よしっ」と言うことにした。

座るときは「よしっ、これで」。立つときは「よしっ、やるぞ」。そして物を持つときも「よしっ、がんばるぞ」。自分に号令すれば、自分を励ますことにつながる。

朝、寝床を抜けるときも「よしっ」と声を出して起きると、背中がピーンと伸びる気がする。初めは「よっこらしょ」と「よしっ」が交じって、自分でもおかしかったが、今は「よしっ」がすっかり板について、何かをするとき、自然に口をついて出るようになった。そして、気分までさわやかになる気がしてきた。

「よっこらしょ」をやめて「よしっ、やるぞ」。気迫で老いを追っ払う。気分も若返る。

皆さんもいかがですか。』

エネルギーの本源

長所と短所がある

近ごろは全ての製品が便利になり、社会が進歩したと考える人も多いが、果してそうだろうか。年配者は「昔は〝何々〟が良かった」とよくいうが、これもこの〝何々〟が問題で、現在の方が一般的にはずっと進歩して便利になったようだ。しかしかえって退歩した面もある。

例えばトマトの味などは、水っぽくて、個性がなくなり、何でも恰好《かっこう》よくパックに入ったり形よく並べられ、菓子でも一つずつ袋やビニールに包まれ、それが紙やカンの箱に入ったりして、金額だけが上昇した。そのため、中味よりは半分くらいゴミクズを沢山買わされているようなものだ。従ってゴミの焼却に多大な敷地と費用を税金で取られる恰好になっているのは、情けない状態ではないだろうか。

かつての第二次大戦の時代はもう二度と到来してほしくないが、それでもこのようなゴミクズなどの固まりを買わされはしなかったし、トマトでも野菜でもそれぞれ個性的な味を持っていた。かつて終戦直後、私が自転車で飛田給*まで講話に行った時、夏だったので暑くてたまらず、途中でトマトを食べたが、実においしくて完熟していたその味が、今でもなつかしく思い出されるのである。

その後自転車に一気筒エンジンだけをくっつける方式が出現して、私も普通の自転車にそのエンジンをくっつけてもらって、走ったことがあるが、このエンジンはよくエンストを起した。しかし今のモーターバイクやオートバイやスクーターは、ものすごく進歩したし、電動補助の変速機つき自転車まで出て、とても便利になった。しかしそれだけ交通事故による死傷者も殖えたのである。

このように考えると、何時《いつ》の時代でも、長所もあれば短所もある。その長所ばかりを見ていると、「昔は好かった」となるが、短所ばかりを見ていると、人間の肉体が今は耐久力を失い、エネルギーや食品の浪費癖が強まり、やがて地球資源の無駄遣いによる動植物の減少、地球温暖化の〝ビニール・ハウス〟的人間生活が、人間の〝自由と生存〟

を脅かすに到る危険が迫りつつあると言えるのである。

江戸システム

そこで吾《われ》われは今こそ決意を新たにして、過去においても、何が善くて何が間違っていたかを正しく反省し、その美点をしっかり把握して、それを現代に生かす必要があると思うのである。例えば「江戸時代」についてだが、平成十五年一月八日の『毎日新聞』の〝余録〟欄に、このように記されていた。

『「1603年」は相当よく知られた年号だろう（受験勉強の成果でしょうね）。1600年、関ケ原の合戦。その3年後。徳川家康、江戸幕府を開く。正確には慶長8年2月12日。西暦に直すと、1603年3月24日のこと▲今年は「江戸開府400年」である。もう少し受験勉強の「復習」をすると、十五代将軍慶喜が朝廷に大政奉還をして勅許されるのが1867年11月10日。400年といっても、江戸時代がそのうちの264年を占めているわけだ。400年の66％。改めて「徳川の平和」の長さを痛感する（続く）』

「長い平和」というのは好ましい現象だ。ある政権が何百年も続くことは珍しい。しかも「江戸時代」の二百六十四年間には、政治の面でもきっと長所があったに違いない。その答えが続いて〃余録〃にはこう書いてある。

『▲なぜ「徳川の平和」はこんなに長く続いたのか。作家の石川英輔さんの指摘が興味深い（「望星」2月号）。最大の理由は役人が極端に少なかったことだという。庶民人口55万人の江戸で南・北町奉行所の役人は合計290人だった。月番交代だから145人しか実務者はいなかった▲末端の行政は「大家さん」が担当した。「大家さん」といっても所有者ではない。住宅や店舗の管理人である。「五人組」という組織を作っていた。給料は幕府ではなく、所有者からもらう。完璧《かんぺき》な民間委譲である（続く）』

ところで現在の官僚と政治家は、当時の役人に当たるのだろう。この役人の数が少ないということは、大変有意義であり、現代の日本も大いに見習うべき長所である。これを現政府の方針として進めようとしているが、衆参両院の議員数だけでもアメリカにくらべると多数であり、しかも日本の総人口はアメリカより少ない。このような大量の議員や公務員は各都道府県にもいるから、江戸時代の方がはるかにスリムだったと言えるのだ。さらに〃余録〃はこうのべている。

『▲江戸時代は封建社会で民衆は圧政に苦しんでいた――こんな江戸時代像は過去のも

のである。歴史人口学者の鬼頭宏さんは、この時期に確立した成熟した文明のかたちを「江戸システム」と呼ぶ（『日本の歴史19　文明としての江戸システム』講談社）▲江戸時代、平均寿命は現在の半分だった。飢饉《ききん》や自然災害も多かった。現代社会で得られる「豊かさ」や「便利さ」も、そこにはなかった。だが、スリムな行政や効率的な民間委譲だけを見ても、この成熟した文明は現代を問う鏡になりうる。今の借金国家の264年後は、さてどうなっているか。』

ここに紹介してある『日本の歴史』という講談社の全集は全二十六巻もある上製の全集本で、一冊が三百頁以上もある。第十九巻は『文明としての江戸システム』という題で、著者は鬼頭《きとう》宏氏である。これによると、江戸時代の人口調査は八代将軍吉宗《よしむね》になってから六年目、享保六年（一七二一）に、武士以外の階層に行われたのが合計二六〇六五四百人。幕末の弘化三年（一八四六）に行われたのが二六九〇七六百人。その間十七回行われているから、ほとんど殖えていない（琉球と北海道一部は除く）（六七頁）。しかしこの調査方法もまだ未熟な点が多かったので、

『明治初期の人口と比較すると、幕末の時点で四百万から五百万人が、把握されていなかったであろうと推定されている。』（六八頁）

と補足されている。

参勤交代

しかし江戸時代前半の人口増加はかなりのものであったらしい。それは大坂冬の陣・夏の陣が終り、平和がもたらされたからであって、出生率が死亡率を大きく上回った状態が、一世紀以上も続いたからである。その有力な理由は、市場経済の全国への拡大と社会各階層への浸透だと指摘している。（七三頁）

一方、大石慎三郎教授は『大江戸史話』（中公文庫）の中で、日本経済を活性化させたものの一つが、〝参勤交代〟だったと述べておられる。さらにもう一つの〝鎖国〟も徳川家康時代以来の祖法だったが、寛永十年（一六三三）三代家光将軍の時に制度として完成した。これらはいずれも日本国にとっては悪い制度であったと思われているが、他方善い面もあったということが言えるのだ。

関ヶ原の戦（一六〇〇年）に勝利した家康は、一六〇三年（慶長八年）に征夷大将軍となり、江戸に幕府を開いた。しかしまだ大坂に豊臣秀頼がいたので、全国大名の参勤制は確立していなかった。そこで幕府は一人でも多くの大名たちに参勤してもらいたいため、江戸に屋敷地を与え、最初は将軍自身が参勤の大名たちを送迎していたようである。しかしこれを義務づけた寛永十二年の武家諸法度《はっと》には、
『「大名小名、在《ざい》と江戸との交替を相定むる所なり。毎歳夏四月中参覲致すべし」とある。「在」とは国で、大名たちは自国と江戸とを交代するのだが、その交代の時期は毎年の四月（現在の五月）である。』（『大江戸史話』・三八頁）
しかし交代の時期は以後変化し、特別扱いの大名もあったし、定府《じょうふ》といって参勤しない要人たちもいた。これが根本的に修正されたのが約百年後の八代将軍吉宗の享保年間（一七一六―三六年）のことだ。それは参勤交代には莫大な出費が必要で、領主たちはひどい財政難に苦しんだからである。そこで商人たちから借金をしたが、返せなくて元利ともに踏み倒したものも少なくない。これを「お断わり」と言ったから、現代日本の借金家たちも、この優美なコトバを使ってはどうだろうか。幕府も「お断わり」をする状態となったので、吉宗は自ら衣服は木綿のみとし、食事も一日二食とし、徹底した倹約を強いたのである。
参勤交代の供まわりの数も享保六年には、大名の石高に応じて制限された。それでも二〇万石以上の大名は馬上の供は一五―二〇騎、足軽一二〇―三〇人、中間人足二五〇人―三

〇〇人、とあり、五万石では馬上は七騎、足軽は六〇人、中間人足一〇〇人（三九頁）とあるから、大変な出費であった。ところがこのような一見無駄な浪費と思える参勤交代（本来は参覲交替と書いた）もプラス面があった。それは「富・文化・情報の攪拌《かくはん》均等化作用である」と大石教授は指摘しておられる。（四四頁）

文化と情報を伝える

その中の富の件では、今日のように中央政府が税金を取り立て、年金や投資などで国民に配分することができなかったので、富を使うことによって国民に拡散する他はなかったのだ。こうして約二百七十の各藩が江戸と国との往復で、旅費として金銭をバラ撒いてきた。文化や情報の面でも、こうして各地のコトバが伝わり、風習や方言も伝えられ、各藩が孤立化することが避けられたのである。

文化の面でも浮世絵の発展も、江戸へやって来た地方の武士たちが、郷里への土産として買い求めたので、大いに広がった。名所案内記や絵図（地図）の出版も盛んとなった。現代ではすでに出版文化も盛んだし、ラジオやテレビで、全国はおろか外国にまで日本語のニュースや演劇などが拡散されているが、ハイヴィジョンによる美しい風景などの放送は、つまらぬ演劇や時代を無視した大げさなテレビ・ドラマよりも好まれるようになって来るのは当然であろう。

さらに五代将軍綱吉《つなよし》時代（一六八〇—一七〇九年）を中心とした三、四十年を「元禄時代」と言うが、この時代には〝減税〟が行われた。

『豊臣秀吉は領主と農民との間で、年貢の取りかたで話がもつれたら、その年の収穫物を三つの山に積みあげ、その中の一つをまず農民に取らせ、残った二つを領主が取れ、と指示している。秀吉の後をついだ家康は、「農民を生かさぬよう、殺さぬよう」に年貢をとるのが理想的だといったといわれるが、それは具体的にはこの秀吉の線にのったものので、七公三民に近い変年貢率であった。ところが、徳川幕府が始まってから約五十年ほどたった、四代将軍家綱《いえつな》治世の半ばころから、年貢率がさがり始め、それから五十年ほどたった新井白石《あらいはくせき》の治世（六代将軍家宣《いえのぶ》と七代家継《いえつぐ》の治世を担当したのが白石）には、さがりにさがって年貢率が二割八分九厘にまでなっている（「折たく柴の記」）。七公三民の年貢が三公七民に逆転したわけで、おそらくこれだけ大幅な減税が実施された例は他にはないであろう。』（『大江戸史話』・四七頁）

こうして民を大切にした結果、今までの農民は麻布の着物が主であったのが、綿に変わり、さらに絹も着るように向上し、食事も粟《あわ》や稗《ひえ》から米を主食とするようになり、副食も「初物食《はつもの》い」が盛んとなり、食事も一日三食となったのである。家屋も広くなり便所が主屋につけられて別棟ではなくなった。夜には行灯《あんどん》をともすようにもなり、明るい（？）夜がすごせるようになってきたのである。

私もかつて小学校二年生で萩市の借家に住んだころ、別棟に風呂と便所のある家に住んだことがあるが、夜はとても恐ろしく感じた記憶がある。だから現代の日本人は、皆極楽浄土の暮らしをしていると思い、大いに感謝して暮らすのが当り前だろう。ところが税金だけはタップリと取り上げられ、やっと五十％まで（所得税）となりそうだが、しかし三十％までとして、その代り所得の低い層にまで広げる〝フラット的税制〟にまで改正するのが好ましい。それ以下の十％になると〝什一税〟となり、間接税をふくめて全国民がこれを受け容れれば、世界で最も低いモハン的税制国家となるであろう。（アメリカでは十七％のフラット税を主張する議員が沢山いる）

さらなるリサイクル

ところで現代はおびただしい廃棄物が作り出され、〝ゴミの焼却〟に頭を悩ましている状態だが、江戸時代にはこのような大量のゴミ処理は必要ではなく、すこぶるリサイクル可能の社会でもあった。講談社文庫に石川英輔氏著『大江戸リサイクル事情』という本があるが、

『現在、つまり一九九〇年代前半の日本は、一年にほぼ七億トンの物資を輸入し、約七千万トンを輸出している。残りは六億トン強である。これだけの物が国土の中に毎年残るのだから、リサイクルどころか捨て場に困って当たり前なのだ』(一八頁)

とある。二十一世紀の現在では、さらにこの数字は上がっているだろう。空中もごみだらけ。一九九三年九月現在、地球のまわりに漂っている人工衛星やロケットの破片などのうち、直径一〇センチ以上のだけで、七千四百七十二個もあると言う。しかし室町時代から江戸時代までは、「すべてがリサイクルする植物国家であった」ので、

『もし、江戸時代のような生産手段を維持していれば、少なくとも資源・エネルギーや環境に関しては、当時の三千万人の人口なら、あと百年でも二百年でも安定した生活を続けられただろう。すべてがリサイクルしていた江戸文化は、資源の点からいってもエネルギー収支からいっても、まさに持続可能な文化だった。』(二一一―二一二頁)

と記されている。しかも〝鎖国〟がこれを可能にしたというのである。前述したよう

に、江戸時代までは、照明器具は行灯《あんどん》だったし、それを提灯《ちょうちん》のように手に下げて持ち歩いたようだ。さらに〝辻行灯〟という屋根のついたのもあったそうだ。だから夜は当然早ばやと眠ったが、現代人は夜半すぎから翌朝まで起きて出歩き、身体の健康を悪化して、病気を多発している有様だ。

しかも江戸時代の燃料は植物油であり、石油ではなかった。ただいわしや鯨《くじら》からとる油も使った。これは臭い油だが、ナタネ油の三分の一の値段だったという。ナタネを絞った油粕《あぶらかす》も良質の肥料になったのである。さらに和蝋燭も藁草履も、草、雨傘、蓑、畳、下駄、木材でできた家屋など全てが土に返り、しかも肥料になって循環した。馬に履かせた草鞋なども道端に捨てておくと、それを拾って肥料にしたそうだ。

このような「捨てる癖」だけが現代人に残ってしまい、ビニールの弁当屑やあきビンなどを道路ばたにポイと捨てるようになったのだろうか。

最近私の住まいの隣の土地の鉄筋建築のビルが取り壊された。連日物凄い音を立ててブルドーザーやショベルカーが活躍して、やっと平地になったが、その時出た廃棄物は大変な量だった。この様な塵芥の親玉は、江戸時代にはあり得なかったのである。

さらに肥料について言うならば、江戸時代は正にリサイクルそのものであった。人糞や馬糞も牛糞もうまく利用された。しかしその頃のヨーロッパではおまるが使われ、中味は夜半窓から捨てられた。そのため町には臭気が立ち籠め、その結果香水類が発達し、郊外の別荘や宮殿の建設が発達したと言われている。

一方日本では、人糞尿は高値で取引され、馬に肥桶をつけた絵図が紹介されている（『大江戸リサイクル事情』一六五頁）。しかも人口があまり増加しなかった江戸では、農家が汲み取りに来て、幾らかの銭を支払って買い取ったと言うことだ。

現代と江戸時代とは大違いだから、今さらそんな生活に戻れというのではない。リサイクルに関して言うと、現代が退歩しているといわざるをえないだけのことである。ただ現代人は楽で奇麗な暮らしにはなれたが、それとひきかえに、多くの大切なものを失ったと言うことができる。

その第一は健康な身体である。確かに走る速度や身長や体重は増えたかも知れないが、多くの人の歩く距離は少なくなり、東海道を歩いて旅することは、もうとてもできなくなった。重い荷物を担いだりするのも車にたよるだろう。それも大八車ではなく、自動車だ。これは莫大なエネルギーを消費する車、そして炭酸ガスや窒素化合物を排出して、大気を汚染する機械である。

「神」に由来する

さらに石川氏の『大江戸リサイクル事情』（三三四頁—）には、『産業医が診たビジネス社会』（市野義夫著・NEC文化センター刊）からの引用として、次のように書いてある。

『普通のお医者さんは、病気の人を診察、治療するのが主な仕事だが、市野博士は健康人の集団である大企業の健康管理者としての立場で、大勢の現役社員を見（診）てこられた結果であるだけに、大変示唆に富んだ内容になっている。

この本によれば、一九八〇年代末からの二、三年間、NECで採用した二十二、三歳の新卒社員のうち、成人病の所見のまったくなかった人は四八パーセントしかいないそうだ。もちろん、好きこのんでそういう人を採用しているのではなく、選びに選んだ結果なのである。

つまり、買い手市場で、応募者の中から新入社員を自由に選べる世界的超優良企業のNECでさえ、健康にまったく問題のない若者を半分しか揃えられないのだから、最近の二十歳代前半の学生一般の健康水準は、おそらくこれ以下なのだろう。

また、関連企業を含めた全従業員十三万人のうちで、高血圧のもっとも多い年齢が二十五歳と二十九歳の間、ピークは二十八歳あたりにあるというのにも驚いた。二十年前のデータでは、高血圧のピークが四十代後半だったそうだから、それだけ若者の肉体の老化が進んでいるのだ。（後略）』

このように、一見進歩向上しているような文明社会も、大きなマイナスの側面を持っているが、その根本を言うならば、人々が「神」を忘れ、地上のエネルギーが全て太陽から頂戴していることを忘却しているからだ。即ち太陽は恒星（スター）の一種であり、そのエネルギーは全て熱核融合反応により、「＋」と「－」の原理の結合によって生れている。前章でのべたように陽と陰、プラスとマイナス、これを「カミ」「神」と古代日本人は呼んだ。従って万物は本来みな「神」であり、神ならざるはなしである。その根本を忘れ、神を否定したり無視したりして、地球の万物を単なる物質だとみて暮らすことから、〝エネルギー浪費〟の方向に文明を押し進めて行ったのである。

この点を強く反省し、現象の奥に宿る「神」、無限次元においてのみ捉え得る「絶対神」への感謝・礼拝・報恩を忘れることなく、日々「神想観《しんそうかん》*」を実行する〝正信〟の人びとを増加させる神聖なる運動、即ち「人類光明化運動」「国際平和信仰運動」「唯神実相の信仰」の拡大を推進することが、吾《わ》われの使命であると信ずる者である。

＊飛田給＝東京都調布市飛田給二―三―一にある生長の家本部練成道場。
＊神想観＝生長の家独得の座禅的瞑想法。詳しくは谷口清超著『神想観はすばらしい』、谷口雅春著『新版 詳説 神想観』（いずれも日本教文社刊）を参照。

「小」は「大」である

影と本物

戦争か平和かと問われると、誰でも「平和が良い」と答えるだろう。それは「神の国」と言われる「実相世界」には、戦争がなく、平和そのものだからである。しかし現象界は、「仮相」であって「実相」ではないから不完全だ。これは丁度、影と本物との関係のようなもので、本物は立派でも、その影はぼんやりとして不完全なようなものである。

だから人間も肉体人間は不完全であっても、その魂とか霊と言われる「本当の人間」は完全円満そのもので、「死なない命」即ち「神の子・人間」なのである。このことが分かっているといないとでは、その生活態度に大変な相違が出てくるのだ。

例えば、平成十五年四月の米英軍とイラクとの戦いにおいても、航空母艦がイラクの近海に集結して、多くのミサイルや飛行機を飛ばしていた。その一つ、キティホークの艦上から、本間圭一さんが、次のような記事を書いておられた。(平成十五年三月二十三日『讀賣新聞』)

『「これだって大事な仕事だから、頑張るだけ」

午前八時。ウィリアム・ショー二等水兵(23)は、トイレの便器をぞうきんでこすっていた。

三年前に米海軍に入隊、一昨年六月から横須賀が母港の航空母艦キティホークに配属され、好きなコックを務めてきた。ところが、今回のイラク戦争で与えられた任務は「艦内清掃」。朝七時半から十二時間、廊下、食堂、階段などあらゆる場所を掃除して回る。

空母といえば、甲板から勢いよく飛び立つ戦闘機のパイロットばかりが目に浮かぶ。だが、約五千人の乗組員のうち、パイロットはわずか三百人に過ぎない。機体の手入れ、調理、急病人の手当てなど、戦闘には直接携わらない人員の方が圧倒的に多いのだ。

中尉の一人は「裏方のやる気をいかに保てるかが空母の生命線を握っている」と語った。

イラク戦争開戦前日の十九日、海軍第五艦隊のキーティング司令官が、キティホークを訪れた。

「君たち一人一人の努力が、我々を勝利に導く」

ショーさんの顔を思い出して、司令官の言葉が妙に納得できた。（ペルシャ湾北部キティホーク艦上　本間圭一）』

小さな愛行

この報告は、裏方の仕事がいかに大切かを、生々しく伝えていると思う。どんな組織でも会社でも、色々な部署や課に分かれている。そんな所に勤めると、いつも掃除ばかりする人もいるし、車の運転ばかりが仕事になる時もある。そんなときに、

「私はこんな小さな仕事では、満足できない」

と思う人も出てくる。そしてすぐ辞めてしまったり、転々として仕事場をかえ、フリーターなどと称して年を重ね、いつまでも手に職がつかない人も出てくるものだ。し

かし掃除の仕事はとても大切だ。かつて松下幸之助さんが「松下政経塾」を作って、将来政界や財界に進出する青年を養成しようとしたとき、その塾の規則の第一項目に、「自室の掃除をすること」があげられていた。

　多くの塾生達にはその真意が分からなかったらしいが、それは松下さんの体験から滲《し》みでた「本音」だったのである。自分の世話になっている部屋の掃除ひとつ出来ないような者に、大きな仕事が出来るはずが無いという信念に違いない。だから彼の著書にも、それと似たような言葉が書かれている。例えば『松下幸之助発言集』第十巻（ＰＨＰ文庫）には、大学を卒業してきた新入社員への訓辞で、こう話しておられた。

『皆さんが大学を卒業するには、学校の施設にしてもまたその他のものにいたしましても、相当費用がかかっております。その負担をだれがしたかというと、その中には、皆さんと違い、大学を卒業せずして、中学校からすぐに実業に入って活動している人たちも含まれている。それらの人たちが活動したところから利潤が生まれる。その利潤から税金が国家へ払われる。国家へ払われた税金が皆さんの教育に使われている。皆さんは両親から学費をもらって育ったかもしれないが、それだけでは学校教育は成り立たない。ことに公立の学校はそうであります。』（二七頁）

さらに又、こうも言っておられる。

『どんな偉い人でも一人では仕事はできません。病院の院長が大きな手術をするにしても助手を何人か使う、そして助手の協力によって命にかかわるような大手術でも成功させる。皆さんの立場もまた私はそうだと思います。やはり一人ではやれない。多くの助手なりそういう人たちの協力を得てやっていく。その協力の力を生かすかどうか、生かすということに皆さんが努力しているかどうか。努力しておっても、それが巧みでなくてはマイナスになる。』（五二頁）

このような目立たぬところで働いている人々のことを考えて感謝する心は、先ず自分の寝床や部屋などに感謝して、きれいに掃除してから一日を始める「練習をする塾」の意味があったのだろう。人はよく「小さな事」を馬鹿にして、「大きな事」をやり遂げようと、そればかりに走りたがるが、これでは駄目だと『聖経・真理の吟唱』のなかにも、次のように記されている。

『（前略）人を幸福にする愛行《あいぎょう》*ならば、それがどんなに小さき愛行であっても遠慮することなく、躊躇《ちゅうちょ》することなく、実践するがよい。その小さき実践が、貧しさの迷いの雲を吹き払う突破口になるのである。大いなる愛行でないと興味がないと思うのは、何処《どこ》かに、人にみせびらかしたい虚栄があり、虚勢をはるところがあるのである。小さな愛行のなかに、純粋で虚栄や虚勢のない真心ある神の愛があらわれるのである。（後略）』（一五一頁）

昼と夜と

小さな愛行の中には、一言の挨拶や、笑顔も含まれている。平成十五年三月二十六日の『産経新聞』には、さらにこんな投書が載っていた。

『　　　　　　　　　　　　　境　俊人　49　（三重県多気町）

もう五年も前のこと。私の近所にかかりつけの医院があったのです。そこの先生はかなりの年配で、七十歳は過ぎていたでしょうか。子供が風邪をこじらせたので、付き添いで連れて行ったことがありました。

「実は、今月で廃業しようと思うんですよ」という思いがけない返事。子供のころから診てもらっていたのですから。「これはお父さんの分。風邪をひいたとき使ってみてください」と私にも薬袋をくれるのです。

それから四カ月もしたでしょうか。夜遅くまで仕事が続いたためか熱っぽいのです。

例の薬袋を開けると、一枚の処方せんと「いつでも電話してください」というメッセージがあり、先生の携帯電話の番号が書いてあったのです。

早速電話してみると、元気な先生の声。「ハチミツにレモンを搾って熱湯を注いでやるといい薬湯になるんですよ。一気に飲んで休めば、朝には治っていますよ」

早速試してみました。いやあ、おいしかったこと。先生の温かいお気持ちに触れて、胸がいっぱいになってしまいました。(会社員)』

これは勿論一言や二言ではなく、長いメッセージだが、とても深切な助言であり、金儲けとまったく関わりがないところが実にすっきりしている。ハチミツやレモンは何処《どこ》にでもあるし、熱湯も簡単だ。ただし、砂嵐の吹きまくる所ではそうでもないだろう。すると雨の多い日本などは「有り難い国」と分かるのである。

太陽も有り難いが、雨も有り難い。いつでも、何処にでもある「水」と思っていても、それがないと生きることさえ難しくなる。小さなことが、大きな「命の本源」に繋がっていることに気づかなくてはならない。太陽の光も有り難いが、雨も有り難い。そのように昼も夜も有り難いのだ。

だから昼と夜とはそれぞれの特徴を生かして使わなければいけない。昼は起きて働き、夜は早く寝て、熟睡する。毎日これをくりかえす。何でもない平凡な〝小さなこと〟だが、これが大きな〝成果〟をもたらすのである。ところがこれが逆転して、夜更《ふ》かしをして朝寝をする人が、最近ばかに増えてきた。仕事の仕組みで、やむを得ずそうするのなら仕方もないが、そうではなくて、遊びのためとか、仲間の付き合いと言うだけなら、止めるべきだ。

朝の時間を生かす

その訳は、まず無駄な電力を消費する。一日100ワットの電気を使っても、大したことはなかろうと思うかも知れないが、大勢がそうしだしたら、国全体の電力量は不足する。しばしば停電すると、コンピューターがうまく作動しなくなる。航空機や高速電車の発着が混乱すると、現代の社会は機能が果たせなくなるのである。

次に夜昼の転換によって、人間の生理状態に異変が生ずる。生長の家では「朝の時間を生かせ」と教えているが、夜熟睡していないと、朝起きてもぼんやりしていて、時間を「生かす」どころの騒ぎではない。まるで「死んだ」ようだ。神想観どころの騒ぎではなくなるだろう。朝食もろくに摂れないから、長い間には健康をそこなう。歩きながらパンを囓《かじ》ったり、ジュースを飲んだりするぐらいでは、健康体を維持出来ずに、虫歯や生活習慣病になって、あとになって苦しむばかりだ。

さわやかな朝は、肉体の健康にも、心の健康にも大いに役立つ。読書の習慣も、朝の時間を生かすと良いことが、知られてきている。例えば、「朝の読書推進協議会」と言うのが出来ていて、その理事長をされている大塚笑子さんが、平成十五年三月二十七日の『讀賣新聞』紙上で、こんな対談をしておられた。

大塚　私は教師という立場から、朝十分間の読書運動を始めた理由を話したい。生徒が就職活動で履歴書を書く際、よく「書くことがない」と言う。「読書やスポーツと書いたらどう？」と助言すると、今度は「本など読んでいない」と。「これは困った」と思った。それで最初は週一回、生徒に本を読んで聞かせるようになった。

もう一つ理由がある。私が若いころ、生徒同士がトラブルを起こして困ったことがあった。保護者も交えて話をしたが、そこで若い教師が理想論を説いても説教にしか聞こえない。それなら、生徒に本を読ませ、自分なりに考えさせる方がいいだろうと思った。

大塚　学校で朝の読書をやっていると、生徒は、読書がこんなに楽しいとは思わなかったと言う。それまでの読書感想文には選定図書があり、自分の好きな本を選べるわけではなかったので、それで嫌になったという。朝の読書は、好きな本を最後まで読める。たかが十分間と思われるかもしれないが、まず時間の設定をしてやって、楽しいものだと分からせる。生徒は最初は幼いものを読んでいても、だんだん手応えのあるものを読むようになる。

教師は「私は学生時代にこんな難しい本を読んだ」などということを言わない方がいい。生徒によっては、「勉強と同じなんだ」「また序列なんだ」「どうせ私はこんな程度しか読めない」と感じてしまう。お母さんが小さい時に読んでくれた幼児の本を見ながら涙ぐみ、ほんとうはすごく愛されて育ったんだ、と思い出しながら読んでる子だっている。』

十分間だが

このように朝の〝十分間〟を、毎日何らかの読書や勉強に当てると、長い年月が経つに従って、それが大いなる進歩向上につながるのである。だからその〝十分間〟の読書や勉強が、自宅以外で行われるのもよい。電車の中でもやれるし、自宅のトイレの中でもやれる。毎日トイレの中でドイツ語の哲学書を読んで勉強したという人の話を聞いたこともあった。

こうなると、〝十分〟は「小」ではなくて「大」である。平成十五年三月二十七日の『産経新聞』には、アメリカとイラクとの戦争中の記事に、次のようなイルカの話がのっていた。

『ハイテク兵器に勝るとも劣らない米軍が誇る〝生物〟兵器がイルカだ。カリフォルニア州サンディエゴは米海軍の第三艦隊司令部の基地があるところだが、ここで訓練されたイルカ部隊が二十五日、機雷探索の任務のため、イラク南部のウムカスルに到着した。

米英軍が数日間の戦闘の後、制圧した原油輸出港ウムカスルは今後、イラク市民のための救援物資が荷揚げされる拠点になる。このため船が停泊する港周辺の安全確保は、駐留部隊の最大の任務。

そこで、米英軍は、ダイバーとともにイラク軍が海底に設置した機雷などの爆発物探索にイルカ三―四頭を投入することにした。イルカは機雷を直接掘り起こすことはできないが、探知機を付けて泳ぐことで設置場所を発見できる。(ワシントン　気仙英郎)』

当日の『ジャパンタイムズ』には、もっと詳しく写真入りで、イルカ君のひれに探知機をつけた姿が報道されていた。今はまだ実用化されていないが、トドやアシカにもやってもらう研究中だというような記事だった。

こうした動物たちも、人間にくらべると、その命は小さいようだが、決して小さくはない。機雷がどこにあるかを探すのは、「きらいだ」などと言わないで、イルカ君は「何《ど》処《こ》にイルカいないか」と、探してくれるに違いない。これは大きな成果につながる作業であり、「小」はまさに「大」となるのである。

又さきに紹介した松下幸之助さんの本には、こんなことも書いてあった。昭和三十七年四月三日の「新入社員への訓話」の一部だが、国民皆兵のスイスについて（百三十二頁）、各家庭にみな一挺の鉄砲がおいてある。危険な兵器だが、国民が政府から預かっているので勝手に使わず、平和で繁栄している国である。

何故《なぜ》かと言うと、科学知識のすぐれた国はもっとほかにもあるが、「同時に人間の心の持ち方、人間愛、国民愛（愛国心）、国民教養というものが相当強く発揚している」からだ、と言う意味のことを話しておられた。確かにそうした「一人一人」の心が整っていないと、全体の一国家としての安泰はあり得ないと言うことができるのである。

＊愛行＝人々に対する愛の行ない全てを言う。

3　世界は一つである

地球と生きる

国を愛する

人はオギャーとこの世に生まれたとき、どこに生まれたのか、分からない。しかしやがてお母さんや、お父さんの声や顔が分かるようになる。しかしまだそこが何処《どこ》の市や町や村かなどは分からない。だが次第にいろいろの事が分かってきて、やがて自分が「地球の上に住んでいる」ことが分かるのは、きっと学校へ行ってからのことだろう。

しかしまだ分からないことだらけだから、家庭や学校で、沢山のことを教えられ、「部屋の掃除をしなさい」と言われる人もいる。進んでやる人は良いが、やらない人も多い。なかには、他の所の掃除までする人がいるのはすばらしい。それだけ「心が大きく広がった」からだ。さらに公園や道路の清掃までするると、もっと「広がった」証拠である。

今朝私が本部まで歩いて行った途中のことだ。向こうから来た人が、咳をして、パッとタンを路上にはいた。また帰りに向こうから自転車にのった人が、やはり咳をして、タンを吐いた。こうして道路を汚して行く人がいるのは汚らしい。マナーを教えられなかったのか、教えられてもやらない人か、どちらかである。

いつかジャパンタイムズ紙に外国人が投書して、こんなことをする日本人は野蛮だ、と書いていたが、こんな行為は日本国の名誉を傷つけていると言えるだろう。もしも道路が「自分の部屋」だと思ったら、タンなど吐き散らすことはできないはずだ。つまり彼らは、「日本国に唾やタンを吐きかけた」のである。

ちかごろは「愛国心」を嫌がる人も出てきたが、これは教育の間違いで、どの国の人でも「愛国心」をもっている。そして「少しでも祖国を良くしたい」と思っているのだ。それが「愛国心」であることに間違いないだろう。言い換えれば人は皆「国とともに生きている」のだ。そして愛とは、愛する対象が「立派だから」とか「完全だから」とか「豊かだから」とかというのではない。「愛する資格」がどうこうというのではなく、「貧しい国だから愛しない」などとは言わないのである。

温暖化現象

人は今、科学技術の発達により、人工衛星を飛ばして、地球を外から見ることが出来るようになった。すると〝緑の地球〟はとても美しいと言う。民間人でも「見たい」と言って、大金を投じて宇宙旅行（？）に参加した人も出てきた。だが前述の如くその美しい地球も、次第に変化して、緑の森や林が少なくなり、砂漠が増えてきていると言う。森や林は酸素を出して、炭酸ガスを吸ってくれる。その酸素が減少すると、炭酸ガスや窒素ガスが増えて来て、地球が温暖化してしまう。

すると北極や南極地帯の氷が融けて、海水が増えて、海面から水没する国や地方が出てくるのだ。そうなるとそこに住む人たちは何処《どこ》かへ避難する他はなくなる。否応《いやおう》なく「人は地球とともに生きる」と言うことがはっきりするのである。

人が「国と生きる」ばかりではなく、人は「地球と生きている」ことが知らされるだろう。すると道路にペッと唾や痰《たん》を吐く人は、「地球をタンで汚している」のだ。それは丁度、自分の部屋にタンを吐き散らしているようなもので、「野蛮だ」と言われても仕方がない姿である。

こうして我々はもはや子供でない限り、地球規模でものを考える時代に突入したと言う他はない。すると人の一日や、一時間、いや一分、一秒が、とても大きな意味を持つことに気付くのである。

例えば東京大学国際・産学共同研究センター教授の山本良一さんの責任編集による『1秒の世界』（ダイヤモンド社版）によると、世界では一秒間に四二〇万トンの雨が降ると言う（九頁）。さらに一秒間に、

『体育館32棟分、39万m³の二酸化炭素が排出されています。

石炭や石油などの化石燃料を大量に使うことによって、1秒で762トン、39万m³の二酸化炭素が排出されている。1950年に比べ4倍以上の排出量で、このうち384トンが吸収されずに蓄積され続け、大気中の二酸化炭素濃度が上昇している。そして、このことが、地球温暖化の最大の原因になっている。』（一五頁）と言うのである。

しかも森の樹木が二酸化炭素を酸素に変える量に比べても、化石燃料を燃やして出る二酸化炭素の量が莫大だと言うから、石油や石炭などを使うあらゆる機械は、地球のために良くないのだ。しかも一秒間に地表の平均気温が〇・〇〇〇〇〇〇〇〇一六七度上昇したと言うから、多くの植物が死滅してゆく。（一七頁）

グリーンランド氷河が、毎年琵琶湖の水の一・九倍も溶けてしまうと言うことである(一九頁)。従って、世界では今一秒間に大型トラック六三台分、二五二トンの化石燃料が使われているから、あとわずか四二年で石油が使い尽くされる(三五頁)。それ故今のうちから青少年には、歩く事や自転車乗りや、太陽エネルギーの抜本的利用法を教えておくことが大切であろう。

太陽エネルギー

こうして「地球と生きる」広い視野にたつと、どうしても我々が、「太陽に生かされている」ことを知ることになる。地球そのものが太陽の惑星であり、そのエネルギーで存在する「太陽系の一員」だからだ。そして地球は太陽から、一秒間に四百八十六億キロワットのエネルギーを受け、地球のすべての生物は太陽エネルギーによって生かされている(五九頁)のである。

『もし、1秒間に地球が受ける太陽エネルギーを、すべて電力に変えることができたなら、世界最大の発電容量を誇る「ブラジル・イタイプ水力発電所」の1,389万倍もの発電量となる。人類は、この莫大なエネルギーを未だ有効に活用できていない』(五九

頁)
というのだ。それではこの太陽を誰がどうして造ったのか。太陽は銀河系星雲のなかの一恒星だ。この太陽と同じような恒星・スター(光を放つ星)が銀河系星雲の中には一〇〇〇億個から二〇〇〇億個ぐらいもあると言われている。あまり数が多いので、かぞえきれない。しかもこの様な星雲が、銀河系星雲の他にまだいくらでもある。いちばん有名なのはアンドロメダ星雲だが、これも近くの銀河系が二〇個ぐらい集まって集団をなし、さらにその他の銀河集団が幾らでもある。
それらはあまり遠くにあるから、光がまだ地球にとどかない。だからこれから星雲の誕生するビッグバンが見えてくるのが、次第に分かってくるはずだ。つまり大宇宙のすべては、見えないし、観測も出来ないのである。そして又これら銀河系は、次第に遠ざかっていることが観測されている。それは光など電磁波の波長が次第に長くなる(光は赤色変移する)からだ。
そこで「宇宙は拡大している」といわれる。しかしその拡大が永遠に続くかというと、それは分からない。途中で縮小し始めるかもしれない。つまり銀河はお互いに近づくか遠ざかるかするようだが、果たしてそれだけか? 横向きにも動くかもしれない、と考えた人もいる。すると収縮期があったとしても、銀河同士はぶつからずに、再び宇宙は膨張しだすと考える事もできるだろう。

しかし「物質世界」は、どこからかで始まるし、どこかで終わる。地球でも太陽でも他の星々でもそうだ。

『すなわち、一般相対論が正しいならば、どんなものであれ、理にかなった宇宙モデルは、特異点から始まらなければならないのです。これは、科学は宇宙に始まりがなくてはならなかったと予言することはできても、どのようにして宇宙が始まるかは予言できないことを意味します。すると、始まり方の決定は、神に頼まなくてはなりません。』

とホーキング博士は『ホーキングの最新宇宙論』（日本放送出版協会）の中で説いている（六三頁）。この特異点と言うのは、ブラック・ホールの中の重力が無限大の点である。

ブラック・ホール

このブラック・ホールのことは大抵ご存知とは思うが、念のため説明しておく。そこはとても重力（引力）が強くて、〝宇宙の穴〟とも言える所だ。大きな星は、その近くを通る光やその他の電磁波を、巨大な引力で曲げてしまう。そこでこんな大きな星が集まると、その近くを通る光などは、その中に巻き込まれてしまって、外に出られなくなる。だから外からは見えなくなるから、ブラック・ホール〝黒い穴〟と呼ばれるようになった。その極限の「無限大の重力」の所を「特異点」と言うから、そこは誰も見たり測定する事は出来ないと言うことになる。大宇宙はビッグバンによって、そんなところから出てきたのだろうと考えられているのだ。

　このような世界は観測することができないし、重力というエネルギーが無限であるところである。だから我々から見ると「無」であり、「無限」でもあるから、これを「神」とよび、そこから全てのものが造られたと考えると、「創造神」という名前が適当ということになるのである。

　すると太陽も地球も、見かけは物質のようだが、本当は神の作品であり、人も、動物も、植物も、鉱物も、水も、空気も、電磁波動も、あらゆる「実在」のすべてが「神性・仏性」である。昔々「山も川も草も木も、すべてが仏である」と言われたとされる〝お釈迦様の教え〟のとおりだと言える。だから宗教と科学が対立しているなどと考えるのは間違った古い考え方だ。「尽十方《じんじっぽう》無《む》礙《げ》光如来《こうにょらい》」というのも、「大宇宙一杯に満ちあふれておられる仏様」ということなのである。

我々が見ている世界は、この「本物の世界」「実在」「実相」「神の国」の全てではない。「ただ見えるところだけ」を見て暮らしているのである。だからこれは不完全だ。本物は目には見えないし、耳でも聞けない。ただ心で観るのである。するとこんな実例もでてくるだろう。『讀賣新聞』の平成十五年七月七日に、さいたま市に住む大学教員の小林英義さんの次のような投書があった――

心で観ること

《梅雨空の下、三十一歳の青年と十六年ぶりに再会した。外資系メーカーで働くその姿は自信にあふれ、十六年前と比べ表情もとても穏やかになっていた。彼と出会ったのは、彼が中学三年生の時のことだ。

彼は、非行少年として、児童相談所の措置で教護院に入所することになり、当時、院の職員として寮長・寮母をしていた私たち夫婦の寮舎で生活することになった。中学卒業後も、生活が荒れて少年院に入る時もあったが、とび職、トラック運転手などの職を重ねるうちに成長していった。

大卒がほとんどという今の職場で、中卒での採用内示を受けた時、思わず「本当に僕でいいのか」と面接官に尋ねたという。面接官は、彼の努力と人柄、将来性を見込んでくれたのだと思う。

彼は母子家庭で育ったが、「親を責めることで、自分の行為を正当化したくなかった」と話してくれた。奥さんと子供の理解もあり、来年には海外に派遣される。若い人の飛翔《ひしょう》を目の当たりにして、教育や福祉の力を改めて感じた。「昔は『ツッパリ』と、普通の子との境界がはっきりしていましたね」。笑いながら語る青年の目は、輝いていた。》

これは大学卒業者ばかりの中で、中学卒業者の彼を選んでくれた面接官が、経歴や学歴に囚《とら》われず、この青年の持っている「本質」の素晴らしさを観てくれたからであろう。このように、現象はどんなに不完全に見えていても、すべての物の「実在」即ち「実相」は完全であり、「神の子」であると観ることが出来る人が沢山出来て来なければならないのだ。二十一世紀はまさにこのような時代の黎明期なのである。

このようにして地球を観るとき、そのなかのすべての物は、みな一つの神の命《いのち》の現れであり、それらを殺したり、虐《いじ》めたり、浪費したり、捨てたりすることをやめ、「地球と生きる大いなる我」を実践しようではないか。その為には先ず出来ることから始めよう。カンからや食べかすなどを、道や公園などに捨てて、大切な「地球」を汚さないこと。人の良いところを観て感謝すること。朝は気持ちよく「おはよう」と挨拶をする。そんな簡単なことが出来なくて、本の万引きやカンニングなどをするのに成功しても、決して「明るい未来」は訪れては来ないのである。

人類をつなぐ絆《きずな》

なわばりに入る

人と人とは仲良く暮らすのが良い。だれでもそう思うだろう。人間ばかりではない。人が犬や猫を飼うのも、お互いが仲良く暮らしたいからだ。ときには蛇を飼っている人もいる。私の学生時代に、そんな友人がいた。

「可愛いもんだよ」

などと言っていたが、真似をする気にはなれなかった。しかし蛇と喧嘩したいとは、決して思わない。いつか新聞で、沢山のサソリと一緒に永いあいだ暮らして、世界記録を取った女性の記事と写真を見たことがある。その間何回か噛まれたが、免疫が出来ていて助かったそうだ。世界チャンピオンになるには、「命がけ」と言うことかも。

ところが平成十五年二月二十八日のジャパンタイムズには、虎の大きな写真が載っていた。ウエリントン動物園の、Rokanと言う六歳のこの虎が、木曜日に三十歳になる男を襲撃して、彼の頸と背中と頭をひどく傷つけた、というのである。彼が虎の囲いの中に侵入したかららしいと言うことだった。これも「命がけ」の行動だが、その理由は分からない。チャンピオンの制度もまだないからである。

虎としては、断りもなく、自分の領地に侵入してきたから追い出したかったに違いない。人間同士でも、こんな時は捕まえて、囓《かじ》ることはないにしても、処罰するだろう。大勢が侵入した場合は、戦争になることもある。もともと人類は仲良く暮らしたいと思っている筈だが、喧嘩になったり戦争になったりするのは、昔からよくあることだった。

カラスやヒヨドリでも、自分のなわばりだと思う処へ入って来る鳥には攻撃する。しかし強そうな相手だと、逃げてしまう。人間でも〝なわばり根性〟を持っている人は、鳥の真似をして、追い払ったり、喧嘩をしたりする。だから人類同士でも、国と国とでも、争いや戦争になることがあるのは、人類の歴史が明示している。

だから、人間は他の動物の真似をしないで、もっと高級なマナーを発揮して、仲良くすることを考えるのがよろしい。つまり他人の部屋に入る時には、ノックをするとか、声を掛けて許しを求めるようなことをする。国と国とでもそうだが、人類同士でも同じことだ。ところが勝手に〝密入国〟したりして、ついでに犯罪を犯す人が居るから、これは困りものである。

業の法則

しかもこの頃は、このような無断侵入者が大掛かりの金庫破りなどをするから、大変迷惑をする。そして犯人はいち早く、海外へ逃げてしまう。それで逃げ了《おお》せると思うかも知れないが、そうはいかない。と言うのは、この世には「因果律」「業《ごう》の法則」があり、すべて悪いことをすると、悪い報いをうけ、善いことをすると、善い報いをうけることになっているからだ。それが「心の法則」でもある。

だから人は、個人でも、団体でも、国でも、人類でも、悪いことをせず、善いことをしていると、善い報いをうけて、発展したり幸福になったりするのである。ところがこの「報い」がいつ来るかと言うと、なかなか来ないのだ。現世《げんせ》で来ないで、来世《らいせ》、つまり次の世（次生《じしょう》）や、さらにその後（後生《ごしょう》）に出てくるから、それを知らない人類は、いくらでも悪事を働いて、結局不幸になるのである。

これは物質ばかりの世界しか見ない人には分からない。宗教がよく分かっていないと、この世を超えた世界、もっとその先のことが分からないからである。だから〝正しい宗教〟を伝えることがとても大切だ。「自己責任」と言うことがある。「自分のやったことは、自分で責任をとる」と言うことだ。これでないと、この世もあの世も、「公平」とは言えないのである。

人類は「公平」を求めている。だから「人種差別」を嫌うのである。猫はどんな色の猫でも、ネズミを捕れば善い猫だ、と言った人がいたが、猫の平等を言ったもので、ネズミのことは考えなかったらしい。人間でも肌の色が白くても、黒くても、差別しないのが正しい。しかし「自己責任」を取るのも正しいと分かるはずだ。いくら悪人でも、善人と全く同じに待遇されたのでは、かえって「平等でない」と思われるのである。

この平等への「願望」は人間の理性から言うと正しいようだ。これは現世だけを見ていても、よく分かる。例えば立派な演奏をする音楽家は入選して「第一位」になったり、次が「第二位」に選ばれたりする。碁でも将棋でもそうだ。平成十五年二月二十八日の『讀賣新聞』には山下敬吾さん（24）が、新棋聖《きせい》になったと言う記事が載っていた。

彼は二日間、十数時間の対局中、正座を崩さなかったという。小さい時からそのように鍛えたからだ。

神様の心

『囲碁を覚えたのは四歳。北海道立旭川東高校の定時制で数学を教える父、建夫さん（60）の手ほどきだった。二歳上の兄と共に市内の囲碁サロンの子ども教室に通った。母、美知子さん（54）が付き添い、夜に掛かる日は碁盤のわきで三人で弁当を広げた。小学二年で小学生名人になった。一家は郊外から囲碁サロンに近い市中心部に引っ越した。

負けると泣いた。翌年の小学生名人戦では準優勝。美知子さんに取りすがって泣きじゃくった。その姿を見たプロ高段者は「あの負けず嫌いはプロ向き」と評した。その年の冬、プロをめざして美知子さん、兄と上京。父は仕事の都合で旭川に残った。

アマ指導者の菊池康郎氏が主宰する緑星学園で学び、若手のホープとして抜群の成績を残してきた。自分の打ちたいように打つ。「まねるのはきらいですから」。決してただでは負けないしぶとさは実戦修業で身につけた。

父はこの三月、定年を機に上京する。十五年ぶりに家族が東京でそろう。（文化部　岡崎　裕哉）』

この山下さんのように、どんな人でも小さい時から、何か好きなことを練習して、その訓練を長く続けると、とても上達する。音楽でもそうだし、囲碁やスポーツ、馬に乗ること、木登りなど、何でも上達する。それは全ての人に「無限力」があるからだ。その力は、肉体にあるのではない。肉体は「無限」ではなく、「有限」だから、「心」にあると言えるだろう。言い換えると「魂」、「本当の自分」、「神の子」なる人間にあるのだ。

この区別が分からないと「自由」も「平等」も分からない。黒い人も白い人も「平等だ」と言うことが分からないようなものである。そこで人種も国家も、人類の平等とその力の差が、何処《どこ》から出てくるかが分からない。アフリカの原野を走り回って大きくなった国民がマラソンに強く、砂漠地帯を馬で駆けめぐって育った人たちが乗馬の名人であることとの違いがどうして出来るのか？

それは「神の子」と言う「人間の本質」からくる差別ではなく、小さいときからの〝訓練の差〟によるのである。このことが分かると、人類同士が共に「神の子」であり、一つ命の「神様」によって生かされ与えられていると言う「一体感」が出て来るに違いない。それが出てくると、世界中の争いや戦争がなくなる。人類が仲良くなる。そうでないとどうしても、物や資源や、名誉や地位の奪い合いが起こり、ついに戦争ということになるだろう。だから生長の家の『声字即実相《しょうじそくじつそう》の神示』には、こう書かれている。

『(前略) 今は過渡時代であるから、仮相《かりのすがた》の自壊作用として色々の出来事が突発する。日支の戦いはその序幕である。神が戦いをさせているのではない。迷いと迷いと相搏《う》って自壊するのだ。まだまだ烈しいことが今後起るであろうともそれは迷いのケミカライゼーションであるから生命の実相をしっかり握って神に委せているものは何も恐るる所はない』(昭和七年一月十一日神示)

つまり神が戦いをさせているのではなく、人類の迷いがそれを仮に作り出しているのだ、と言う教えである。仮の姿だから、何時《いつ》か消える。ところが間違った宗教を信じていると、「神が戦えと命じられた」と信じてテロ行為を行ったり、大戦争を引き起こしたりするのである。

イラクとアメリカ

最近でもまだ、イラクとアメリカ軍との戦いなどが世界中の関心事になっているが、平成十五年三月三日の『産経新聞』に、石原慎太郎さんが、こんな記事を書いておられた。そのごく一部だが、

『誰しも、どこにも戦争を好む者はいはしまい。しかし予告の上に準備を重ねて用意された戦争には、突発して起こる事件を契機に勃発《ぼっぱつ》する戦争よりもその目的なり意味合いは周知され、それへの冷静な判断を導きやすいものと思われるが、アメリカのイラク進攻に関する今日の是非論議はおよそ逆の現象を呈している。それは多分、尊大なるアメリカのする戦争故に、ということだろうが、今日の世界的論議の態様はもはや本来の目的なり意味合いからはるか離れて短絡的に反米、親米といった情緒的次元での判断になってしまっているとしかいいようがない。

これは世界にとって危険な兆候で、巨大なるアメリカへの反発は心情的にはあり得ようが、問題の本質から乖離《かいり》して後々、ほぞを噛む結果を招来しかねまい。ことの本題はあくまで多量殺戮《さつりく》兵器の拡散使用の阻止である。

すでにそれをクルド族の制圧のために行使した前歴のある、先の湾岸戦争の当事者でもあるイラクへの制裁と規制がすでに重ねて行われてきたにもかかわらず、国連の安保

理決議をふくめて十七もの決議の履行を一向に果たしていないイラクという国の存在の、世界に及ぼす危険性の除去こそが本来の目的なのではないか。
しかしアメリカの大仰な戦争準備がさまざま視覚的に報道されるにつれ、本来の目的から外れてアメリカが行おうとしている「戦争」そのものだけが批判と指弾の対象になってしまい、その是非を論じるとき、ただ「戦争」の是非のみを問う一種魔女狩り的な雰囲気になってしまった。（後略）』
ただ戦争の是非だけを訊《き》いたら、誰でもそれはいけない、しないのがよいと答えるだろう。それは人間がみな「神の子」で、神が戦いをさせるのは、可笑《おか》しいと思うからだ。それなら「神がテロをさせたりするのも、可笑しい」し、彼らは「テロ反対」も叫ばなければならないのに、そうしないで、「反米ばかりが盛り上がって」いるのは、ますます可笑しいのである。
こうして人類は、本来の「神の子同士」を忘れてしまい、迷い苦しむのだ。迷いながら、迷いの心で、迷いを消そうとするのは、闇を消すのに、闇を持ってくるようなものだから、何時《いつ》まで経っても、戦争と言う闇がきえないのである。即ち『甘露の法雨』に書かれているように、

『真にあらざるものには真をもって相対せよ。
仮相《かりのすがた》に対しては実相を以て相対せよ。
闇に対しては光をもって相対せよ。』

であって、それ以外に方法はない。即ち、全ての人々に「神の造りたもうた世界は、完全円満な実在、実相、理想世界そのものだ」と言う真理を伝えることが肝要だと言うことなのである。こうして人がみな「神の子」としての「無限力」をもち、努力と訓練とで、幾らでも幸福になり、力強くもなり、満ち足りた生活が出来ることを、多くの人々に知らせることが何よりも大切である。

しかし現象世界は「影の世界」だから不完全である。だから警察署があって、裁判所もある。病院もあれば、消防署もある。そんなものはいらないと言って、放って置いて、よいわけはないだろう。実相世界*にはなくても、現象界には、まだ犯罪者がいたり、火事が起こったりする。だからそんな時には、これらの施設を使うのである。

従って国を護る為の自衛隊や軍隊もあってよい。応急手術が必要な時には、入院して手術をするのが当たり前だ。そんな時には多くの人々の手助けがいる。国を護る時にも、自分の国だけでは守れないこともあるから、〝集団的自衛権〟というのが認められているのである。それを「同盟国」は現実に使うのは、当たり前だと言うことも、知らなくてはならないのである。

これはまだ「人類をつなぐ絆《きずな》」のごく一部だから、これを人類全体に及ぼしていくことも、これからの大切な運動でありうるのである。(〝国連〟も完全ではないが、そのはしりであろう。)

＊実相世界＝神によって創られたままの完全円満な世界。

心を転換しよう

太陽の如く

永い間雨が降り続くと、晴天の朝はことのほか晴ればれとした気分で、何か良いことが起りそうな気がする。しかし雨が万物をうるおして、樹木を成長させ、地球を浄化することには、大いに感謝しなければならない。雨水がたっぷり蓄えられていないと、渇水期を乗り越えることもできない。それをよく承知していても、カラッとした晴天は、やはり気分がよいものだ。

それは太陽という〝光〟の功徳《くどく》であろう。砂漠地帯の国に行くと、青空にはウンザリして、雨天や曇天《どんてん》がこいしくなるらしい。国旗にも多く星が描かれていて、太陽などはマッピラ御免《ごめん》といった恰好《かっこう》だが、その雨も太陽エネルギーによって海水が蒸発して雨となり、風となって運ばれてくるのだ。

物質的な光は、そのように複雑に変化するが、心の光、即《すなわ》ち心の〝明るさ〟も、様々に変化しながら人々に幸せをもたらしてくれるのである。〝心の光〟を欠いた人は、どうしても暗くてじめじめした人生を送り、「求めても求めても得られない」という悲劇的な一生を送る。だから人は何よりも「光」を大切にして、明るい心で生活をするとよい。

物質の太陽は、心で言うと「神」であり、「仏」である。そこから吾々《われわれ》のいのちが天下《あまくだ》って来た、それを神と言い、仏と称《たた》えるのである。

その神は、人々に全てを与える「与え主」であり、しかも何ら返報《へんぽう》を求めてはおられない。太陽が太陽光料金を要求したためしがないようなものだ。太陽は日本にも中国にも、アフリカにもアメリカにも、平等にエネルギーを与えてくれる。しかも国境の差別や、関税の取り立てなどは全くあり得ない。従って、吾々も、いちはやく物や心の障壁《しょうへき》を撤廃するようにしたいものである。

無神論について

例えば平成十一年三月二十三日の『産経新聞』には、次のような小熊和男さん（六三歳・茨城県八郷町《やさと》）の投書がのせられていた。

『三月十七日付本欄「清掃大作戦でわが街は清潔」に刺激されて、「せめて家の周辺でも」と早速《さっそく》、家内と二人で近所の県道沿いの清掃に汗を流した。二時間半にわたった作業で、空き缶だけで約三百個、読み捨てられた雑誌など燃えるごみは大きなポリ袋で三杯分が集まり、予想外の多さに驚かされた。

日ごろ、犬の散歩で道路のごみは気にはなっていたが、ごみ拾いはなかなか実行に移せなかった。いざ、やってみると、道路が見違えるほどきれいになり、その夜にふろに入ったとき、いつもは得られない満足感に浸《ひた》ることができた。

退職後、これといった仕事を持たない夫婦二人だが、今後も折に触れて「わが家だけの清掃作戦」を続けたいと思う。無理のない程度のボランティア活動で気持ちのいい汗をかきたいものだ。

（元会社員）』

このご夫婦は二人で近所の道のゴミ拾いや清掃を行って「いつもは得られない満足感に浸る」ことができたと言われるが、人のためにつくすという愛行《あいぎょう》ほど、人々の心を充実させるものはない。それは「神の国」には物の境も心の境界もないからである。私も時々本部への行き帰りに、道を歩いてカンカラやごみ屑を拾っているが、これは案外楽しいもので、心の中でのバリア・フリー（障壁をなくす）が行われるようだ。

さらに平成十一年三月十四日の総本山*での団体参拝練成会*では、宮城県の松島町磯崎字待井《まつい》に住んでおられる大沼進さんが、次のような体験談をなさった。進さんが中学生のころ、父の事業が失敗して倒産した。子供心に辛《つら》い思いをして、そのころから彼は神を信じなくなったというのである。勿論《もちろん》仏も信じない。以来紆余曲折《うよきょくせつ》はあったが、結婚して事業を始めた。大沼家に養子に入ったのだが、事業は塗装業であり、初めのころはどんどん発展した。唯物論で神を否定していても、仕事が発展する場合はいくらでもありうる。しかし果して「幸福になれるか」というと、決してそううまくは行かない。世の中には物や金では得られないものが山ほどあるからだ。

大沼さんの場合は、次第に家庭の中が暗くなった。電灯やロウソクが不足したのではなく、愛と感謝が足らなくなったからだ。進さんも次第にワンマン的となり、独善《どくぜん》的になった。一方奥さんの家庭には以前から信仰心があったので、ご祖先の供養ぐらいはなさっていたのであろう。

こうして夫婦が不調和になると、子供三人のうちの長女さんが度々《たびたび》高熱を発し、引きつけたりする。今思うと奥さんは夫と言い争いはしないが、心の中で反抗していたからであろう、と進さんは言われる。一方進さんは、子供の発熱や引きつけを治したいと思い、信仰を求めはじめた。本当の信仰は「治病」や「ご利益《りやく》」を求めてではないはずだが、世間では一応そんな所から神や仏を信じてみようという人が沢山いる。現代医学や薬にばかりたよるのでは、何となく不安であり、必ずしも全治しないからである。そんな訳で進さんは色々信仰してみたが、中々心は満たされない。オカゲも出て来ないのだった。

信仰が深まる

そんな時、ある日書店に行くとKという宗教団体の本に出あった。それを読んでみて、入会しようかと思いつつ、隣り町の鹿島台神社に正式参拝をしに行った。するとその神社の宮司さんの奥さんから『生命の實相《じつそう》』*第一巻をもらった。これも進さんの心が、神仏の否定から、肯定の方に変化して来たからである。いつまでも自分は唯物論だと主張し、そんな心の領域に停《とど》まっていては、このような変化にはならないものだ。

こうして進さんは「汝《なんじ》ら天地一切のものと和解せよ」「神に感謝しても父母《ちちはは》に感謝し得ない者は神の心にかなわぬ」「神は霊媒《れいばい》にはかからぬ」というような〝光の言葉〟に接

し、感動したのである。

それまで進さんは時々死の恐怖におそわれることがあった。しかもそれを解決する方法が見つからない。ところが「生長の家」の本を読んでみると、「人間は生き通しである」と分かった。これは物質の肉体のことではなく、その肉体の主人公たるいのちのことである。そこで進さんは大変うれしく思い、死の恐怖をのりこえ、先祖供養などを実行し出したのであった。

すると間もなく三人の子供たちが次々に練成会に参加してくれ、家族の間の話題が「生長の家」のことに集中しだした。もちろん夫婦の仲もむつまじくなり、子供たちも元気に成育するようになった。やがて入信して一年も経つころには、相愛会*の役をうけ持ったりした。長女さんも平成九年には結婚して、彼女の夫は福島教区で青年会の委員長をやるようになったそうである。下の女の子は生高連*に入り、長男君は現在進さんの仕事をついでくれ、毎日仏壇で神想観と先祖供養をするようになったということである。

こうして狭い唯物的な神仏否定の心から、広々とした無限生命の神の世界を認める心に拡大するにつれて、現象界にもたのしく平和で豊かな世界が現れるようになるのである。さらに進さんの弟さんにも子供が三人いたが、その奥さんの父とは不調和だった。すると三人目の子供（幸二君）が、小学校に入る直前まで言葉が話せなくなったのである。キャーとかキーとかという声は出るが、言葉がしゃべれない。この現象は今アメリカでも地域的に大問題になっている。

ところがこの弟さんも生長の家を知らされ、先祖供養を始めたところ、一ヵ月二ヵ月三ヵ月とたっても、中々変化がなかった。そのころ弟さんの奥さんはご主人に、

「一体、いつごろきいてくるの？」

と、まるで飲んだ薬のように信仰の効き目を聞いたそうだ。しかしその後次第に信仰が深まって来て、そんな〝効き目〟のことが信仰の中心ではないと分かってきたようだ。しかし先祖供養の熱もさめかけて来ていた頃、教区内で一日見真会があって、その時のテーマが「親に感謝する」ということであった。この見真会をうけて家に帰り、涙を流して親に感謝した。するとその物を言わなかった子供が、しばらくして言葉が話せるようになったというのである。この変化に感動した進さんは、自宅の倉庫を改築して、道場（誌友会場*）を作ろうと夫婦で話し合い、それを実現した。

以来毎朝四時五十分から神想観と聖経読誦《*どくじゅ》をし、さらに家に帰って毎日聖経を誦《あ》げる

ような幸せな境涯に進まれた。現在大沼進さんは地方講師となり、相愛会長、そして教区の相愛会連合会長でもある。

ゆとりある心

このように心が変わると、家庭も環境も変化するし、あらゆる点で進歩向上する。そのためには狭苦しい心の壁を取っ払って、広々とした「神の子・人間」の境涯《きょうがい》に入って行かなければならない。一旦《いったん》こうときめたから、このコースは絶対変えないぞというのでは、人と人とはぶつかり合い、国と国ともぶつかってしまうだろう。平成十一年三月七日の『毎日新聞』の投書欄に浦和市の立林淳さん（二八）が、こう書いておられた。

『道を歩いていて人とすれ違う時、相手がよけないと思うことがありませんか？　自転車で走っている時も。私は自転車で通勤しているのですが、よく思うのです。

狭い歩道をいっぱいによけて通ろうとすると、相手は少しもよけようとせず、真っすぐにえしゃくもなしに行ってしまうのです。

「最近の若い人はそうなんだ」なんて声が聞こえてきそうです。

しかし、年齢や性別に関係ありません。かえっておじさんやおばさんの方が顕著《けんちょ》と言ってもいい。不思議でしょうがないのです。

反射神経、運動神経がにぶってしまったせいなのか。はたまた、相手がよけてるんだ、こっちは関係ないということなのでしょうか。

狭い歩道です。こっちがよけたってぎりぎりの場合が多い。以前はお互いがよけて、妙に道の真ん中があいて照れ臭かったり、なんてことがありました。

もうそんな譲り合ったり、相手のことを考える時代じゃないのかもしれませんが。でも、何か寂しいなあ。』

現代が「こんな時代」だというだけの問題ではない。そのような硬直した物の考え方を変えて、いくらでも柔軟な対応ができる心になりさえすればよいし、いつでもそう出来るのである。世間は広く、道は広々として、世界はもっと広いのだと認め、そうした心の変化を行動化して行けばよいのである。

現代ではなく室町時代から江戸時代にかけての話だが、当時は「関所《せきしよ》」というのが諸藩ごとにおかれ、そこで〝関銭《せきせん》〟という通行税を取り立て、通行人を制限していた時代があった。当時は大きな寺社でも、そのようにしていた所もあった。つまり現代でいうところの入国管理事務所のようなものだろう。しかし当時は国と国との間の貿易や交流は極めて少なかったから、国家としての税関はなかったようである。

ところが織田信長は、思い切ってこのような関所を廃止した。関銭は各藩主や寺社の莫大な収入源であり、関所は権力のシンボルでもあった。さらにこの権力に癒着《ゆちゃく》してきた商人には、〝座《ざ》〟の権利が与えられた。そこで商売上の独占がゆるされていたのである。同じようにして〝市《いち》〟を開く権利も与えられた。

ところが信長はこれらの独占権を打破して、〝楽市《らくいち》〟〝楽座《らくざ》〟即ち自由市場と、自由貿易を推進し、通行料も関税も免除したのである。市や座の特権を廃止して、だれでも自由に工作や商売をやらせた。そのため当時の商工業は発展して行った。つまり日本におけるフリー・マーケットが始まったのである。

心の障壁をなくすこと

「繁栄の法則」の中には「与えよ、さらば与えられん」というすばらしい法則があるが、これは自由競争することの禁止ではない。自由に競争をさせて、力一杯の仕事をしたものが、優れた結果を得るのである。自由と平等とは、結果を平等にするのではなく、全てのものに自由にして平等のチャンスを与えるのでなくてはならない。そのためには、産業活動でも、教育でも、できるだけ「関所」をなくするか、なるべく障壁を低くする必要がある。

それ故《ゆえ》現代では国内の関所はなくなったものの、まだ国と国との間の関税の取り立てがあるので、それは廃止するか又はその方向に向かって税率を下げて行かなければ、全世界の繁栄や楽園建設は進まないであろう。しかし現代日本でも、主食である米《こめ》だけは、自給自足を守れという説が極めて有力である。だが「主食」と言っても、誰がそうきめたのか。法律で決めたのでもなく、米作の渡来によって、昔から日本人の多数が米を作りたべて来た。従っておいしい米がよく取れたのである。しかし貧しい人達には中々行き渡らず、他の食品で辛抱《しんぼう》したものだ。

この米の自給自足主義がガットの国際協議で非難され、日本もやっと最低輸入量を認めるということで合意にこぎつけていたが、次第にこれでは不利だと分かって来たらしい。このミニマム・アクセス（最低輸入量）は、一定の割合で次第に増やすことが約束されていたから、これでは将来は無理矢理《むりやり》必要以上の米を輸入させられる。それよりもやはり原則通り自由化して、関税だけを高くし、なるべく輸入量をおさえた方がよいと気がついたようだ。

そこで平成十一年四月からは、日本も外国米を関税化の方法で調整しようということになった。これは自由化という点では一歩前進といった所だが、高関税をかけようという発想には問題がある。この方向はすでに平成十年十一月二十二日の『讀賣新聞』に報じられていたが、平成十一年の四月が近づくにつれて、アメリカはこの問題をＷＴＯ（世界貿易機関）に提訴することを見送り、二国間の協議にしようと言い出した。しかしオーストラリアや欧州では、まだ最終的な決定を下せずに考慮中ということであった。

だがとにかく、日本も今さら高関税をかけるというよりも、もっと柔軟に対応して、逆に日本米のウマサを世界に紹介するＰＲを行い、日本の農家の作ったウマイ米を、全世界どこへでも輸出する方向に転換すればよい。そうすると、日本米はもとより、上質の和牛肉も、上質のリンゴやミカンと共に、大いに世界中の人々の食卓に上り、たとえ値段は少々高くてもその「品質のよさ」によって、自《おのずか》ら自給他足《じきゅうたそく》・他給自足の「自然《じねん》流通《るつう》」が実現するのである。このような「心の転換」は、日本国土から無理な減反政策をなくし、自然保護にも役立ち、日本人は外米でも国産米でも自由に選べること、日本の工業部品がすぐれているが故に全世界に流通して、国の豊かさを保障しているのと同じ効果を現出し、やがては役人の数の減少にも大いに役立つだろうと思うものである。

＊総本山＝長崎県西彼杵郡西彼町喰場郷一五六七にある生長の家総本山。生長の家の各種の宗教行事が行われている。
＊団体参拝練成会＝生長の家総本山に教区単位で団体で参拝し、受ける練成会。練成会とは合宿して生長の家の教えを学び、実践する集い。
＊『生命の實相』＝谷口雅春著。頭注版・全四十巻、愛蔵版・全二十巻。昭和七年発刊以来、累計千九百万部を超え、無数の人々に生きる喜びと希望とを与え続けている。(日本教文社刊)
＊相愛会＝生長の家の男性を対象とし、生長の家の真理を学び実践する会。
＊生高連＝生長の家高校生連盟の略称。
＊誌友会＝生長の家の教えを学ぶ会。主に居住地域単位の日常的な集まり。
＊聖経＝『甘露の法雨』を始めとする生長の家のお経の総称。他に『天使の言葉』『続々甘露の法雨』『聖使命菩薩讃偈』などがある。(日本教文社刊)

科学と正しい信仰

不立文字

人は時々、信仰生活を特別な暮らし方をすると思ったり、難行苦行をするものと考えるかも知れないが、そんなものではない。それ故昔釈尊が出家され苦行され、やがて「苦行は悟りの因に非ず」と覚《さと》られたという話があるだろう。史実によると釈尊は紀元前四六三年にインドのカピラヴァストゥ（Kapilavastu）国に生まれられ、紀元前三八三年に、八十歳で伝道の途上でなくなられたという。この小国は千葉県ぐらいの大きさの国で、父上は執政官をしておられた。そして生後七日で母上とは死別された。

幼い頃から人生の矛盾、無常を感じられ、青年期にはインドのカースト制（階級制度）に矛盾を感じて、妻子を捨てて出家されたのである。そしてバラモン教の苦行を六年間されて、その無意味さを知り、菩提樹のもとで座禅をされ、三十五歳で悟りに達せられた。その悟りの根本は、「因・縁・果の法則」即ち「因果律」であったという事になっている。これは又科学の「法則」でもあり、そこには何ら差別はないが、釈尊の教えられた主な点は「執着を捨てなさい」ということであった。つまり「心の法則」まで踏み込んで教えられたのであった。

ところがこの「執着を捨てる」ということは、簡単なようだが、そうではない。と言うのは多くの人が、名誉や地位や財産に執着するからだ。自己主張や肉体にも執着する。それらが「本来ナイ」と知らないからだ。それらは「実在」でないのである。ただ一時的にアルようにみえているだけなのだ。つまり「現象」であって「実相」ではない。本当にある「実在」ではなく、「現象知」なのだ。これを明快に説かれた教えが、大聖師*の創始された生長の家である。だから「聖典」等の一部を取り出して、そればかりを主張すると、「実在」と言う「無限次元」の『不立文字《ふりゅうもんじ》なる真理』を見失うことになるから、注意しなければならない所である。

しかし文字に書く論文や説教では、どうしても〝現象の出来事〟に関して多く述べるから、それを通して話そうとする論文は、その一言一句が「不立文字」ではなく、それを指さすところの「立つ文字」（？）とならざるを得ない。だからこれも要注意の点である。

大停電

さて平成十五年の八月十四日午後四時には、アメリカのニューヨーク州やカナダ等で〝大停電〟が発生した。これも勿論「現象」の話であり、「神の国」なる「実相世界」にはナイ事である。だがこの現象は明らかに、多くの人々によって目撃され、十六日の『産経新聞』にはこう書いてあった。（地図も）

『【ニューヨーク＝内畠嗣雅】米国北東部とカナダ南東部で十四日午後四時（日本時間十五日午前五時）過ぎ、大規模な停電が発生した。米メディアによると、米史上最大規模の約五千万人が影響を受けた。ニューヨークなど大都市では交通機関や電話など都市機能が一昨年の米中枢同時テロにも匹敵する大トラブルに見舞われ、一人が死亡、消防士一人が重傷を負った。米北東部とカナダの電力会社協議会は十五日早朝、

発電容量の約八割が復旧したと発表したが、完全復旧には数日かかる見通しだ。（後略）』

さらにその原因として、十六日の『讀賣新聞』には、又こう書かれていた。

『電力は発電所と変電所が送電網で互いに結びついて送られる。一つの発電所の運転停止は、送電網でつながったほかの発電所にも影響するため、日本では全体を統括する制御システムが変電所を操作したり、別の発電所からの余剰電力を調整するなど、送電網内での連鎖反応を防ぐ安全装置を講じるようになっている。

しかし、電力自由化が進む米国には、発電会社や送電会社、独自の電力小売業者など大小三千以上の電力会社があり、今回の停電も送電だけで五つの公益企業がかかわっている。安い電力を得るために遠隔地の発電所と契約する業者など、安定供給とは矛盾する状況があり、基幹送電網や発電所を総合的に計画することは困難になっている。

さらに、コスト削減のため、電力各社は、多額の資金のかかる送電網の改善に消極的だ。また、日本などでは必ず予備の線が設けられる重要送電線も、予備が取り付けられないケースもみられる。送電網がぜい弱で必要な電気を十分送れないため、米国では発電能力は過剰なのに実際の電力供給が需要に追いつかないという奇妙な現象が起きている。

今回の停電も、「事故防止や安定供給よりも、コストが優先された結果」（電力業界関係者）との指摘が上がっている。

北米電力信頼性協議会では昨年、米国の送電網の改善には五百六十億ドル必要との試算を出していたが、電力各社が実際に投資すると予想された額は三百五十億ドルにとどまっていた。』

このように「自由化」も大切だが、あまりに「コスト削減」に力を入れすぎると大事件に発展するかも知れない。この間のバランスが肝要だと分かるだろう。しかもバランスは人の「心」が取るのであって、最後は機械や科学だけではない。そこに倫理や宗教の問題が出て来るのだ。生長の家の神示のなかに『信仰生活の神示』というのがあるが、『新編・聖光録』（20～21P）にはこう記されている。

信仰生活では

『信仰生活とは無用意の生活ではない。すべてに於て完全に用意されている生活である。凡《およ》そ信仰生活ほど完全に用意されている生活はない。それは心が完全に用意されているだけではなく、物質にも完全に用意されている生活である。物質は心の影であるから心が完全に用意されているとき物質も必要に応じて完全に与えられるのである。家庭は一つの有機体であるから、良人《おっと》が明日の用意をしないときには妻が明日の用意をするようになる。妻が明日の用意をしないときには良人が明日の用意をする。右の手が利かなくなったら左の手が利くように成るのも同じことだ。それは自然の代償作用でそう成るように計らいがあるのである。それは有難い自然の計らいであるから、夫婦互いに感謝するが好い。信仰生活とは明日の用意をしない生活だと思って、明日の用意をする配《つれ》偶《あい》を信仰がないと思って夫婦が争っている信仰深い家庭があれどもみんな誤った信仰である。』

現代の不安定な国際情勢では、テロや停電は何処《どこ》にでも起こりうる。だから日本ではどうなっているかと訊《き》くのも、信仰団体としては当然の配慮であろう。それは「地球温暖化」を問題にするのと同じことだ。すると同日の『産経新聞』には、少しはましらしいと言う記事が載っていた。

《(前略)仮に日本で発送電トラブルが発生した場合、予備供給力で瞬時にバックアップ態勢が立ち上がる。

平成十一年十一月に墜落した自衛隊機が埼玉県狭山市内の高圧送電線を切断した事故では、東京都区内を含む約八十万世帯が停電した。交通機関や金融取引にも影響が出たが、発生から三十分以内に停電はほぼ解消している。

東京電力によると、事故直後に本社（東京・内幸町）内の中央給電指令所で送電ルートを変更。刻々と変化する状況を見ながら、特殊訓練を受けた担当者が送電系統を現場から迂回《うかい》させ、「職人芸的な判断力で早い対応ができた」（東電関係者）という。

もともと発電所のある地域と都市が非常に長い送電線で結ばれている米国やカナダと日本は事情が違う。

さらに上之薗博・電力中央研究所名誉特別顧問は「欧米の送電線が一回線なのに対し、日本は二回線なので、多少負荷がかかっても大丈夫な構造になっている。また、雷などの影響をほかの系統に及ぼさないための『高速再閉路』というシステムが導入されている点でも優れている」と指摘する。

しかし、米中枢同時テロなどのように被害が多発すれば事情は異なる。緊急時には保護装置が自動的に問題個所を系統から切り離すが、これが今回の大停電のようにドミノ式に起これば「需給バランスは総崩れとなり、大停電は避けられない」（関係者）との見

方もある。》

電力はこの様だが、交通では、首都圏のＪＲは８割が自家発電でまかなえるが、地下鉄や高速道路、空港などは様々だ。しかしケネディ空港のように「旅客用スポットが消えて飛行機を誘導できない、といったことはありえない」そうである。

自然法爾

生長の家では「取り越し苦労や、持ち越し苦労をするな」とも言うが、さらに『信仰生活の神示』には、続いてこう書かれている。

《『明日のことを思い煩《わずら》うな』と云う意味は『明日の用意をするな』と云うことではない。信仰生活とは冬が来てから綿入を縫えと云うような生活ではない。秋から冬に要《い》る綿入を縫うて置いても、それは『取越苦労』ではない。心が整えば秋から冬に要るものがちゃんと判って、自然法爾《ひとりで》に其の要る物を用意したくなるのである。自然法爾と云うものは、外から自然に与えられることばかりではない、内から自然に催して来るこゝろの中《うち》にも自然法爾がある。心が乱れて病気になったとき心が調えば其の病気を治すに適当な食物が欲しくなるのも自然法爾である。野の鳥も卵を産む前に自然に巣を造りたくなる。卵を産む前に巣を造っても小鳥は取越苦労をしているのではない。『生長の家』の生活は物質に捉われない生活だと言っても、物質をきたながる生活ではない。金銭を穢《きたな》いもののように思ってそれを捨てねば気が安まらぬような心も物質に捉われているのである。物質は影であるから綺麗も穢いもない。卵を産む前に小鳥が巣を造りたくなるように自然に用意したくなる時には内からの囁きに導かれて好い、心が調えばその心の展開として用意すべきものは適当の時に用意したくなる。すべて用意するものを信仰浅きものと思うな。用意しないで取越苦労をしている生活もあれば、取越苦労をしないで自然に用意している生活もある。(昭和六年十二月五日神示)》

信仰生活では「自然法爾」を大切だと言う。「ひとりでに」とも言うが、現象界の出来事に心を引っかからせず、「執着しない」ことをさしている。しかしこれは「あすの用意をしない」ことではない。しかもその「用意」でも、色々の用意が必要だ。時には「和戦両様の用意」ということもある。例えば平成十五年八月二十日付の、「自由民主」という党の機関紙を送られてきたが、そこには安倍晋三議員と高市早苗議員との対談セミナーがのっていた。その中で当時副大臣だった高市議員は、

『イラク戦争直前に私の頭にあったのは、「ネバー・セイ・ネバー」という国際政治の原

則でした。私が松下政経塾におりました時に、もうお亡くなりになった京都大学の高坂正堯先生にとことん叩き込まれた言葉です。「絶対起こらないなどということを絶対考えてはいけない」、つまり、国際政治の常識というのは、「いつ何が起こるか分からないから、あらゆる事態を想定して国家は備えをするべき」で、それが政治の役割だと教わりました』

ところがこれに反して、二月十三日の会議では、高市議員の意見が「総すかん」を食ったというのである。その他安倍さんと彼女の意見は見事に一致していたが、これなども政治の世界は「現象世界」だから、「一寸先は闇」などとも言われる。しかし、そこでも、なおかつ実在する「光一元の世界」「実相世界」を観る「心の眼」を養う〝宗教心〟が大切だと言えるのである。

観世音菩薩

するとあらゆる現象世界は「心の展開」であり、かつ又「観世音菩薩」の救いの場でもあるから、かつての「災害」でも多くの教訓を残してくれるものだ。平成十五年八月十七日の『産経新聞』には、ニューヨーク州の大停電について、こう書いてあった。

『(前略) 地元紙の報道によると、六五年のときは市民が一致して混乱防止にあたったが、七七年のときは、貧しい地域を中心に多数の略奪が発生し、逮捕者は約四千五百人にのぼった。模範的会社員のための紳士服を売るマディソン街の「ブルックスブラザーズ」も略奪の対象になった。火災の発生は千三十七件を数えた。

ブルームバーグ市長は停電発生を受けて、七七年の事態が再現されるのを悪夢として想像したに違いない。だが、ケリー市警本部長の発表によると、今回は十四日午後四時過ぎの停電発生から二十四時間におけるニューヨークでの逮捕者は八百五十人。このうち略奪、窃盗による逮捕者は二百五十—三百人だ。

市当局が、約一万人の警察官を配備したこともあり大きな混乱はなく、停電中のスーパーは当初は、入店客を警戒していたものの、十五日には自由に商品の並ぶ暗がりの中に客を入れていた。

ニューヨーク市ではジュリアーニ前市長が、九〇年代後半に治安改善に大ナタをふるい、ホームレスを排除したこともあって、いかにも略奪が発生しそうな〝貧しい地域〟が少なくなっている。景気は一時ほどではないにせよ、市民の暮らしにはなお、それぞれのレベルでニューヨークの暮らしを楽しむ余裕がある。略奪が起きる環境ではない。

だが、それにもまして、テロリストの攻撃にさらされ、国家の重大な危機に際し、市民が助け合うことができたという経験が大きい。ツインタワーの崩壊という惨劇を目の当たりにして、大都会で普段はぎすぎすしている人々が優しくなれた。バスの二人分の座席を平気で占有するような若者が、お年寄りに進んで肩を貸した。停電が発生しても、騒ぐ人は少なく、「(低層階の)わたしの家に泊まれば」「ロウソクをさしあげます」といった言葉が交わされた。

同時テロはわずか二年前の出来事。危機にあって動じることなく、むしろ助け合うという同時テロで発揮した行動を、今回も市民の多くが協調して演じてみせた。』

このようにテロによる大破壊でも、地震や戦争による大災害でも、すべてはなにか重大なことを教えてくれる現象であるから、この教えを正しく受け取らなければならない。戦争による大破壊でも、それをどう反省するかが問題だ。さいわい日本は、大東亜戦争(太平洋戦争)を、ほぼ正しく反省して戦後復興に励んだから、その後は繁栄の道を進んだ。しかしイラクではフセイン政権が米英軍との戦闘に敗退した後、イスラム過激派によるゲリラ戦に転じて、各地で戦いを続け、遂に国連現地本部の置かれたバグダッドのホテルを、軍用爆弾による自爆テロで攻撃し、デメロ国連事務総長特別代表を含む死者二十人以上、行方不明者・負傷者多数の犠牲を出した。平成十六年二月になっても、まだテロ行為が続いている。

この様なテロや戦闘の繰り返しからは、何の成果も得られないのみならず、イラクやその周辺の国々の復興は、遅れるばかりなのである。かつて日本が昭和天皇のご聖断に従い、一糸乱れず降伏した潔さとは、まるで正反対の現象だ。

これは〝天皇国日本〟の古来の伝統的中心帰一性と、天皇陛下が罪をご一身に担われて、ご自分の生命と財産とをマッカーサー占領軍司令官に差し出され、さらに国民への食料の供給を願われたご英断に依るものであった。しかしイラクのフセイン元大統領にはそのような気配は全くなく、逃げ隠れして醜態を晒《さら》したことによる、とも言えるであろう。こうして彼は平成十五年末に、農家の庭の穴の中に隠れていた所を、捕獲されたのであった。

神と戦争

『声字《しょうじ》即実相の神示』にある如く、『神が戦いをさせているのではない。迷いと迷いと相搏《う》って自壊するのだ。』さらに又『日本の実相顕現の神示』にはこう示されている。

《敗戦の原因は多々あれども戦争を始めたから敗《ま》けたのである。是は過去現在未来永劫に変ることなき真理である。戦争を始めねば敗戦もない。当り前のことが当り前なのである。真理と云うものは簡単で直截明瞭である。当り前のことがなか〳〵解らぬ人が多いから此の世界が乱れるのである。神が戦をさせているのではない、迷いと迷いと打合って自壊するのだと教えてある。迷いの軍隊を皇軍だなどと思ったのが間違だったのである。この神の教えは『自給他足・他給自足』と教えてあるのに独逸《ドイツ》にならって経済自給圏を確立しようと思ったりしたのが既に相対の心である。心に相対があらわれ、彼《ひ》我《が》対立する心は既に戦いの心、分裂抗争を予想しての心であるから、戦争準備の心である。世界は一円相であると云うことを知らねばならぬ。世界一環互に手と手を繋ぎ合って、しっかりと和する心になっていたらば戦争もなく敗戦もなく、実相無限の円満調和世界が実現する筈であったのに、当時の日本人は気が狭くて島国根性であり、排他的精神で、我慢自慢独善精神に陥り、それを日本精神だと誤解して、一人よがりに易々加減な気持になって、遂に世界を敵として戦うようになったのである。(後略)》

ここには明らかに、「世界は一円相である」から、一部の国ぐにでの「経済自給圏」を作ることの戒めが説かれている。これは世界は「自給自足」ではなく、「自給他足・他給自足」であるのが本当だと言う『自然流通の神示』にも関連した教えである。それは「実相世界」が「一即多」であり、一国や一分野のみの孤立した状態は、不自然であり、真理に非ずと言う教えでもあるのだ。

そこで前述の如く「米の自給自足」に固執することもなく、次第に「自給他足」即ち日本米の自由な輸出と、「他給自足」即ち外米の輸入自由化の方向に転換していくことが必要であろう。しかし急速転換は常に危険性を伴うのは、自動車の運転でも、歩行者の「クルリと回って歩き出す」でも同じだ。その危険性は私も常に経験するところである。

さらに又、一国が孤立化して、繁栄した例《ため》しはどこにもない。北朝鮮でも、その独裁政権に依って孤立化してるために、どれだけ国民が全ての面で窮乏しているか分からないくらいだ。その物資欠乏を補うために、「薬物や偽札を日本に送った」と平成十五年八月二十一日の『讀賣新聞』には次のように書いてあった――

『七月下旬、ソウルのアパートの一室で三十代の脱北者が打ち明けた。

「私は、あの船で日本に麻薬を送った。売った相手は日本のヤクザだった」

一九九八年に北朝鮮を逃れ、中国経由で昨年、韓国入りした男だ。「あの船」とは、二十五日に七か月ぶりに新潟西港に入港する予定の北朝鮮の貨客船「万景峰92」号を指す。

労働党三十九号室。これが、男のかつての所属先だ。実態は謎に包まれているが、銀行、商社、鉱山などまで傘下に置き、北朝鮮最大の〝財閥〟とも呼ばれる。金正日総書記の指示の下、外貨を稼ぐのが任務だ。

三十九号室は、金総書記が金日成主席の後継者として登場した七〇年代半ばに作られた。以来、金や銀などの鉱産物、衣類、マツタケ、朝鮮ニンジンなどの輸出でばく大な利益を上げてきたとされる。

上部から「×日に万景峰号に積み込め」との指示が来る。それに合わせて某所の工場から箱詰めの麻薬が届く。それを元山で船に積み込む——。男は九〇年代半ばから数年間、北朝鮮で製造された麻薬の送り出しを担当した。

「船積み後は在日朝鮮人の運び屋の仕事だ。彼らは船内で包装を換える。ヤクザへの渡し方？　それは知らない。知る必要もない」

積み込みは年五回。毎回約二百《キロ》を積んだ。男は、麻薬以外にも、偽米ドル札、武器輸出の代金として得た宝石、麻薬の解毒剤も万景峰号に積み込んで、年間億《ドル》単位の売り上げを得たと言った。

偽米ドル製造にかつてかかわったという人物もいる。北朝鮮の科学院傘下の研究所幹部だったキム・ハク氏（53）（仮名）。二〇〇〇年に脱北、翌年秋、韓国に亡命してきた。（後略）』

＊大聖師＝谷口雅春先生のこと。

4 環境問題の克服のために

偉大なるコトバの力

三つの行為

人は誰でも言葉を話し、理解もしているが、それは普通口で言うコトバのことと思うようだ。しかし本当は仏教でいう「身《しん》・口《く》・意《い》」の三業《さんごう》がコトバなのである。すなわち「体や物での表現・身」と「口で言うコトバ・口」と「心の思い・意」の「三業」（3種類の行為）のことである。だから『甘露の法雨』にも、

《完全なる神の
『心』動き出でてコトバとなれば
一切の現象展開して万物成る。
万物はこれ神の心、

万物はこれ神のコトバ、
すべてはこれ霊、
すべてはこれ心、
物質にて成るもの一つもなし。》
と記されているのである。
さて難しい話はこれぐらいにして、平成十五年四月十五日の『毎日新聞』に、この様な〝女の気持ち〟と言うコラムが載っていた。これは男性も知っていて貰いたい気持ちである。
『九州の湯の町・別府に長く住み、その地で最愛の夫を亡くしました。その後、子供のない私は、いろいろな事情で山形市に住むようになり、早1年余りになりました。
花の便りを聞くと思い出します。夫は体調が悪くて2、3カ月ベッド生活していたころ、「花は今年が見納めかもしれないから、行きたいなあ」と申しますので、タクシーでユックリ、ユックリ春木川の土手の桜を2人で見た日のことを。その時、夫は枕元にいつも置いていたデジタル腕時計を、わざわざはめて行ったのです。
86歳で亡くなる時も、時計は動いていました。あれから4年、時計を止めないように心がけています。時計が動いていると、一緒にいるような気持ちになります。外出の時も「これから一緒に買い物に参りましょうね」と、夫のスナップ写真と腕時計をバッグに入れて出かけています。まだ心臓が動いているような、まだ、あの人が生きているように感じながら。

部屋には夫の大きな写真を飾り、その日の出来事を報告しています。私たちは朝鮮で終戦を迎え、日本に引き揚げて別府に住み、夫は小学校や中学校で国語の先生を長くしました。私は茶道を教えていました。夫婦は一心同体と生きてきた56年間なのに、逝《い》くときはどうして別々なの？　なぜ、なぜ、と問う毎日です。

山形市　岡部　喜美枝　無職・84歳』

時計と心

亡くなった夫が愛用していた腕時計を、その後も「止めないように心がけている」と言われるのは、時計と言う「物」が、夫の「命《いのち》」のように偲ばれるからであろう。さらに「夫婦は一心同体なのに、逝くときはどうして別々なの？」と毎日問うのだと言われるくらい、夫婦仲が良かった方《かた》である。この問いに答えるのは簡単で、

「生まれる時も、別々だったから」

と言う他はないだろう。死後も奥さんから、こんなに愛されているのは、このご主人がとても奥さんを愛されたからに違いない。こうして〝時計〟という物質が、夫のコトバとなって聞こえるのである。いや、デジタルだから唯動いているだけかも知れない。私も以前から、色々と腕時計を頂いたことがある。それらは皆「物」のようだが、「愛念」と言うコトバをいただいたのだ。

今も毎日使っているのは、セイコー製の夫婦時計と、もう一組のヴァレンチノというイタリー製のものだ。これはもう十年くらい前に貰った。私の分はなんべんも電池を取り替えた。しかし家内の小型の時計はまだ一度も電池を替えずに動いている、不思議な時計だ。こんな電池時計も便利だが、私はまだネジで巻く時計を二つ持っている。その一つは輝子聖姉*の形見の小さい懐中時計で、ハミルトン製だ。もう一つは私が学生時代に、神田で買った中古の目ざまし付きの腕時計だ。これも良く動くが、目ざましの部分が少し変になっている。

これらを見るとその頃の思い出が生き生きと蘇ってきて、とてもなつかしい。物が心や思いを語りかけてくれる。皆コトバだと言えるのである。こうしてコトバが人生全般を作り出す。憲法も、法律も、条例も……個人の就職も、約束も。そこで「良いコトバが良い人生をつくる」と言わざるをえない。

例えば「資源を節約しよう」と言うコトバでも、老若男女を問わず、大いに発表すると良い。平成十五年四月十日の『産経新聞』には、十二歳の小学生・野上晴菜さんの、こんな投書が載っていた。

『私は最近、世界の自然環境がとても気になっています。昔はこの地球も緑が豊かで、今言う絶滅動物も、昔は当然生き生きと歩いていたことでしょう。

そういった動物はほとんど人間によって滅んだそうで、その動物に合った食べ物がなくなったり、人に殺されたりしていなくなったということです。

地球温暖化という問題もありますが、結局は人が招いたこと。電気を使いすぎたり、自分たちが快適に暮らすためいろいろなものを開発したりして、時には逆に有毒なものも生んでしまいました。

人間の勝手で、動物がこれ以上死んだりするのは、もうなくなってほしいと思います。そのために私たち人間ができることは、多くの資源を無駄遣いせず、これ以上地球にダメージを与えないことが大切です。(岡山県倉敷市)』

歩調を合わせる？

電気を使いすぎると言う指摘だが、腕時計でも懐中時計でも、ネジ巻きだとそんな物は何もいらない。だが電池にすると、廃棄物がでる。高い。指でネジを巻くのには、ほとんどエネルギーは要らない。しかも指をよく使うと、頭の働きも良くなり、長生きする。脚でも手でも、使わないと、脳髄によくないらしい。だから通勤にも、自動車よりは、テクシー（歩くこと）の方が良いし、第一排気ガスが殆ど出ないのである。きっと野上晴菜ちゃんも賛成してくれるだろう。

さらに又、こんな新聞記事もあった。ブッシュ大統領と、かつてのフセイン大統領との、共通点についてだが、十五年二月九日の『毎日新聞』にいわく。

『【ロンドン時事】８日付の英大衆紙サンは、ブッシュ米大統領がフセイン・イラク大統領と同じイタリア製の靴を購入していると報じた。購入した靴のうち、３種類は全く同じ型で、同紙は2人を「靴仲間」と評している。

先に買ったのはブッシュ大統領。ミラノにある小さな靴工房ビト・アルティオリに１足６００ポンド（約11万８０００円）相当で注文を出した。宿敵フセイン大統領はこれを知ってか知らぬか、その後15足を注文したという。

「注文書が来たのに気付いた時は、ちょっと驚いた」という経営者のビトさん（66）は、「2人が歩調を合わせて歩くことを学ぶよう期待したい」と語ったという。』

両大統領はついに「歩調を合わせる」ことが出来なかったが、靴を一度に十五足も買うとは贅沢な話だ。もっとも3000足《そく》持っておられた女性もいたようだから、十五足なんて……と言われるかも知れないが。さらにもっと深刻な話題になると、かつて日銀総裁が福井氏に決まる頃、副総裁に取り沙汰されたこともあった伊藤隆敏・東大教授が、平成十五年三月四日の『毎日新聞』で、次のような問答をしておられた。

『（前略）——福井新総裁は何をすべきですか。

◆インフレ目標策を導入すべきだ。これだけで解決できないが、重要な政策枠組みの一つだ。日銀が「2年後の物価上昇率を1〜3％の範囲内にする」と宣言し、長期国債の購入額を増やす。効果がなかったら株価指数連動型上場投資信託（ETF）や不動産投資信託を購入する。日銀が「何でもやる」と言えばインフレ期待が生まれる。

——日銀は「無謀な賭け」と言っています。

◆福井氏はインフレ目標策を嫌っていないはず。すぐにハイパーインフレが起きるわけはない。無謀ではなく計算された賭けだ。

――政府がやるべきことを棚に上げ日銀に政策を押し付けているのでは？

◆政府・日銀の政策協定（アコード）は必要だろう。インフレ目標策で決めた物価変動率の範囲内で経済が推移するなら、保有する株や国債の下落で日銀の資産が劣化した場合、政府が補てんする約束をすればいい。政府は金融政策の手段について口を出してはいけない。財政政策は使うべきではないが、不良債権処理を強力に実施するなら、あと1、2年は財政赤字を出してもいいかもしれない。

――福井氏への期待は？

◆副総裁を含めまだ発言していないので、批判はしない。日銀が取り組んでこなかった領域に踏み込んだ新しい金融政策を構築してほしい。議論を半年もかけず、3カ月程度で実行してほしい。

【聞き手・白戸秀和】』

宇宙的な力を使う

このような「インフレ目標」を宣言するんだと言うのは、極めて強いコトバの力を行使することだから、賛否両論のでるところであり、不賛成の人も多いだろう。宣言した国でも、大抵は高いインフレを低い目標にしたのだと言うが、それも「コトバの力」の活用に違いない。しかし賛成論もあることはある。例えば同じ東大教授で同じ苗字の伊藤元重《もとしげ》氏も、四月十八日の『讀賣新聞』でかなり詳しく「インフレ目標導入を」と説いておられた。さらに又平成十五年三月十四日の『讀賣新聞』にも、こんな記事が載っていた。

『(前略)一定の物価上昇率を目標に金融政策を運営するインフレ目標の導入をためらうべきではない。日銀は難色を示すが、インフレ目標は奇策でも何でもない。ほとんどの先進国が採用している、ごく一般的な政策だ。

「各国はインフレ目標を物価抑制策として採用している。デフレ下で物価を上げるために導入した例はない」との反論もあるが、間違いだ。スウェーデンは一九三〇年代の世界恐慌時に採用、デフレ脱出を果たした。ニュージーランド、カナダも物価下落対応に、これを使っている。

「インフレが止まらなくなる」と心配する声もあるが、金融引き締めで完全に対応できる。これを否定するのは、金融政策の有効性を否定するに等しい。

福井氏が、新総裁に内定した日の海外メディアの評価は厳しかった。「デフレ・ファイターではない」「日本経済に不吉な兆候だ」。福井新総裁は、こうした批判を、決断と実績でハネ返さなくてはならない。』と。

かつて日本国民は、土地さえ買って置けば、インフレで値上がりすると思いこみ、その後デフレになってから、不良債権を抱え込んで、今も四苦八苦している銀行や会社が沢山ある。しかしやがてインフレになると思うと、「今の内に売買したほうが良かろう」と思って、経済が活性化するということは、あり得ることだ。「インフレの歯止めが利かなくなる」と言うのが反対する理由だが、これも少し変な理論だ。と言うのは、列車でも自転車でも、「アクセルとブレーキ」があるから、「アクセルを踏んだら、もうブレーキが踏めない」訳はないし、コトバの力も、使い方次第であるからだ。

また「先例がない」と言うのでは、改革などは不可能になってしまう。かつての日本国民は、鎖国政策を「開国政策」にまで転換し、「廃藩置県」を断行した。丁髷《ちょんまげ》を廃止し、廃刀令を出した。このような大改革を断行した日本人が、どうして「改革」を躊躇するのか。すべて「心の萎縮」によるのであって、〝コトバの逆用〟と言うほかはないのである。

どのような銘刀でも、その使いようによっては、自分の喉をさし、恩人を切ることも出来る。それを我々は心で左右する。コトバ（三業）の中の、「意」である。『聖経・真理の吟唱』の「内在の生命力を振起する祈り」には、次のように記されている。（五〇頁）

『われわれが祈るとき、神想観するとき、または真理のコトバを念ずるとき、または聖典ならびに聖経を読誦するときには、宇宙に満ちている創造の根元力に呼びかけて、その創造力を善なる方向に駆使しつつあることになっているのである。祈ることも、念ずることも、読誦することも、いずれもコトバの力を使いつつあるのである。「ヨハネ伝」第一章には、「太初《はじめ》にコトバあり、コトバは神と偕《とも》にあり、コトバは神なりき。……万《よろず》のもの是《これ》によりて成り、……」と書かれていて、コトバというものに創造力があることが示されているのである。そのコトバの力を、明るい方向に、積極的な方向に、建設的な方向に駆使すれば、自己の内に宿る宇宙的な力が開発されて、われわれは一層健康になるし、幸福になるし、一層好運が訪れて来、事業や商売は繁栄することになるのである。』

このように、「偉大なるコトバの力」は「明るい方向」に駆使すべきである。「死」ではなく、「生」の方向にだ。そのためには毎日「神想観」をすることが大切だ。これが祈りのなかの最も優れたやり方だからである。脚が痛い人は、腰掛けてやっても良い。時間が足りなければ、二十分でも、十五分でもよい。何か良い思いつきが起これば、メモして、また続けてやればよい。電話が掛かれば、それを受けてから、またやればよいのだ。すると、さらに曰く。

『「自己の内に宿る宇宙的力」とは「内在の神」の力のことである。われわれ自身の内に宿る宇宙的な力は、この大いなる太陽を銀河系の中で織女星《しょくじょせい》の方向に向かって走らせている力と同じ力であり、また太陽の周囲を旋回公転する遊星を動かしていると同じ力であり、牡丹の樹に牡丹の花を咲かせ、藤の木に藤の花を咲かせ、リンゴの樹にリンゴの果《み》を実らせ、梨の樹に梨の果を実らせる神秘な力と同じ力なのである。

そのような不思議な偉大なる力がわれわれには宿っているのである。(後略)』と。積極的な、明るい、感謝と喜びのコトバを使おうではないか。

＊輝子聖姉＝谷口雅春先生夫人、谷口輝子先生のこと(昭和六十三年昇天)。

「物づくり」の心

不死不滅

私は昔、広島市の南竹屋町と言うところで生まれたらしい。その後四歳ごろまでしか居なかったが、今でもはっきり覚えている光景がある。その一つは、どこかの大きな通りを通っていたとき、向こうから来た自動車が、やはり向こうから来た大人の人（男性）の足を轢《ひ》いた。男の人の下駄が割れて、黒足袋の足から、血が吹き出していた。彼はそれでも逃げて行った車を追いかけるような恰好をして、片足を引きずって大声で叫んでいた。

私はそれを見て、恐ろしくてたまらず、後はどうなったかも分からないまま、立ち去ったことがある。その辺には大きな病院も在《あ》ったし、人通りも多かったから、この男の人も助けられたと思うが、三歳か四歳の私には、ただ恐ろしいと言う思いだけが残ったのである。

人にとって手でも足でも、指一本でも、傷つくととても不便なものだ。だから大切にして、病気や怪我をしないようにしなければならない。今はあのころより、ずっと自動車や自転車が増えたから、生まれながら不自由なからだの人は、さぞ困るだろう。

言うまでもなく肉体は私たちの使う一番大切な道具であり、家であり、乗り物でもある。しかしその主人公は、魂と言われる目に見えない霊であり、永遠に生き通しているものだと言うのが、正しい宗教的な考えである。と言うのは、もし肉体が死ぬと、もうその人が居なくなり、灰や骨だけだと言うのなら、〝何のために生きて来たのか〟、分からないからである。

またその魂が、しばらくは生きていても、千年か、万年かすると、死んで居なくなるのでも、やはりつまらない。例えばお金でも、しばらくは財布にあるが、夕方になると、もう消えてなくなると言うのでは、つまらない、値打ちがないようなものだろう。しだから魂や霊はいつまでも生き通していて、〝永遠不滅〟だと信ずるのが当たり前だ。しかも〝不滅〟となると、完全でなくてはならない。完全でないものは、やがて必ず壊れてしまうからである。

だから肉体という道具やその他の「物づくり」はとても大切で、これが物質世界（この世）での「基本的な仕事」と言えるのだ。ここで基本的と言うのは、建物でも基礎造りが出来ていないと建てられない、と言うような意味である。

物づくり

ところが最近は、このような「物づくり」よりも「情報」や「株価」や「金利」などが重視される傾向が強くなってきたようだ。確かにこれらも大切ではあるが、それだけのソフトでは、実体がない。それが何かに物質化されて来て、建設されたり、保存されたりして、ハード化される。例えばスペースシャトルが機体の故障によって、不幸にも空中分解して、墜落した。このときは機体が墜落する前に、多くの情報で、異常が確認されていたのだ。

しかし情報だけでは、空中分解の事実までは確認できないだろう。「機体の分解」の事実が最後の決め手になって、その悲劇的結果が全世界に衝撃を与えることになったのである。この場合は、「物づくり」ではなく、「物こわし」だが、こうした〝物質化〟が決定的要素となるのである。だが「コトバの力」は偉大であるから、それがあたかも偵察機のように、事前に活躍する。前述のシャトルの事故でも、すでに九年前からこんな報告があったと伝えられている。平成十五年二月六日の『毎日新聞』によると、

『【ジョンソン宇宙センター（米テキサス州）斗ケ沢秀俊】米国の研究者が94年に「スペースシャトル打ち上げの際、何らかの破片が機体の翼に当たって多数の耐熱タイルを損傷している」との報告書を発表していたことが明らかになった。ＡＰ通信が４日報じた。米航空宇宙局（ＮＡＳＡ）は指摘を受けて改善に取り組んでいたという。９年前に判明していたシャトルの欠陥が、その後も十分に改善されず、コロンビアの空中分解事故につながった可能性が出てきた。

　報告書をまとめたのはスタンフォード大のポール・フィッチベック教授（現カーネギーメロン大教授）らのグループ。81年から92年までの50回のシャトル飛行を分析し、飛行後に長さ１インチ（約３センチ）以上の損傷が見つかった耐熱タイルの数を調べた。約２万枚のうち、１回の飛行で最少３枚、最多で１５０枚のタイルが損傷していた。平均では25枚だった。』

国際分業について

さらにどんなすぐれた情報も、精密なコンピューターなどの機械（物）がなければ、把握できないのだ。つまり「物づくり」が最後の決め手になる。アメリカの国務長官コリン・パウエルさんが現地時間の二月五日に国連で発表したイラクの情報でも、やはり高度の機械が必要で、同月七日の『讀賣新聞』にはこう書いてあった。

『（前略）パウエル長官は、「証拠」の重要部分として、ミサイル施設や化学兵器貯蔵施設とされる衛星写真を提示したが、その写真の解像度は、公表された画像を見る限り、一―数メートル程度だった。米スペースイメージング社など、民間の画像衛星の解像度と同レベルでしかない。しかし、米国の偵察衛星で最も性能の優れたものは、実際には地上の十―十五センチの物体を識別する能力（解像度）があるとされる。一人一人の人間も見分けることのできるケタ違いの〝視力〟を米国の偵察衛星は持つのだ。

それなのに「最新の偵察衛星の能力と比べ、解像度がかなり低く抑えられた」（安全保障研究機関グローバル・セキュリティーのジョン・パイク氏）のは、米国の情報収集能力を、イラク以外の国も含めて正確に知られてしまうのを避ける意図が働いたからだ。

少なくとも衛星写真に関しては、米国は核心部分を見せなかったことになる。』

そこでコトバという〃三業《さんごう》〃は心が物に現れると言う「心の法則」によって、「物づくり」の大切さを明確に示している。アメリカの場合一九六〇年以来偵察衛星を千数百機打ち上げ、そのうち百機以上が活動中だと書いてあった。やはりこのような「物」がないと、貴重な情報も得られないからである。

ところが前《さき》ほど以来日本経済情勢の悪化が喧伝され、デフレ克服が求められている。しかし株や金利が下がっても、それだけで悲観的なコトバばかりを言うのではなく、もう一度日本人の「物づくり」がどんな実態かを考えてみる必要がある。例えば平成十三年六月二十五日の『産経新聞』の「正論」欄に、唐津一《はじめ》・東海大学教授の、次のような物づくりに関する論文が載せられていた。

『日本でつくる鉄板の原材料である鉄鉱石は一トン二〇〇〇円で入ってくる。これを加工して鉄板にすると、一トン五万円である。この板を持ってきて自動車をつくると大体一トン百万円になる。このようにして原材料を加工して工業製品をつくりあげることで生まれる付加価値が、日本経済の原点である。先日取材に来たあるテレビ局のスタッフに説明したら、ものづくりによる付加価値のことをまるで知らなかった。それどころか不況の話ばかりしている。
日本の経済についての毎日の報道は金融関係の話ばかりだ。しかし日本の経済の柱を支えているのは製造業の付加価値の一二五兆円であって、金融業界は二五兆円、言い換えれば、製造業の下働きをしているだけだ。しかも、金融業界は、いまや膨大な債務で首が回らない。
考えてもみなさい。もともと金はいくらころがしても、それ自体で付加価値が生まれるわけはない。金ころがしは日本人は本質的に下手である。世界の三大商人と言われるユダヤ人、インド人、中国人には歯が立たない。しかしモノをつくらせたら日本人は天下一品であることは、実績が証明している。現在は、世界の経済の仕組みは、国際的な分業になっているのだから、日本人は得意な腕を振るえばよいのだ。(中略)』
たしかに国際分業の時代と言えるかも知れないが、それにしても日本人は、封建時代以来「士農工商」と分業していたから、それぞれの分野で各自が能力を伸ばす努力をしてきたのだ。それ以外に他の分野に移り変わることが難しかったからである。では現代の日本はどうか。唐津さんは続いてこう言っておられる。

訓練と努力

『（中略）私はメーカーにいて多くの技術者を育てたが、一人前の技術者になるには早くても五年同じ仕事をやらせなくてはモノにならない。これは技術の分野だけではない。経理でも営業でもベテランが育つには、かなりの年月がいる。だからフリーターというのは一生シロウトの域から脱出することは不可能である。だからこの連中を持ち上げる人たちは全く無責任極まる。

特に最近の傾向としてものづくりの世界を軽く見る風潮は危険である。技能オリンピックで、日本は結構良い点数を取っているのだが、ニュースの片隅にも載らない。そのくせサッカーの選手が移籍すると、トップ記事になる。韓国では技能オリンピックで金メダルを取ると、一生年金がつく。いまの日本のやり方では、まじめな仕事にはよい若者が集まらなくなるのは当然だ。

現在日本には世界シェアのトップにある業種が随分ある。乗用車、デジカメ、ゲーム機である。その他にも、日本が独占している精密部品が増えている。携帯電話のような超小型の製品は日本の技術なしではつくれない。この分野は世間の話題にはならないが、世界は知っている。東京の秋葉原に行ってみるがいい。見たこともない部品が出ていて、世界中から買いにやって来る。』

人はよく「自由」を欲するあまり、一定の仕事に留まって「訓練」される事を嫌うが、どんな才能でもある期間の訓練がとても大切だ。訓練は「繰り返し」でもある。それには「時間」が必要であり、それがこの世と言う「時空間」の制約なのだ。人生は「芝居の舞台」のようなものだと言うが、それはある時間的な流れの中で結末が出てくる。短時間でパッと終わってしまう芝居などは、面白くもなく、あまり意味もないだろう。

最近も日本の燃料電池自動車の無公害技術が、世界で群を抜き、トヨタやホンダの自動車がまず市販され出した。これも「物づくり」に時間をかけて努力した結果だろう。だがその成果に奢《おご》って、さらなる進歩向上を怠《おこた》ると、追い越されることは間違いない。何故《なぜ》なら「無限向上」こそが「神の国」の実相だからである。

何が本物か

しかし幾ら「物づくり」が大切だと言っても、ここで言う「物」は人がつくるのだから、そう言った物を作る「人」が居なくてはならない。人が直接作らない物の場合は、自然にある山川草木・森・海・湖・堀・池などを、在るがままの状態に保護しようとする「愛ふかい心の人」が居なくてはだめだろう。そのような「心」が常に問題になるのである。この点について、唐津さんは続いてこう言われる。

『このような日本製品の優位性を維持するためにも、ものづくりは人づくりだという原点に立ち返る必要がある。その一環として政府は遅まきながら、今年から「デジタルマイスター」の制度を発足し、さらにこのようなベテランに対して総理大臣賞を授与するといった一連の施策を開始することになった。

しかし、アメリカでは八〇年代に日本の製造業に惨敗したとき、故商務長官の名前をつけたマルコム・ボルドリッジ賞を議員立法で設定して優良企業を表彰することにした。この表彰式は毎年ホワイトハウスで行われ、大統領自ら賞状を渡すという国家的な行事であって素晴らしい成果をあげてきた。皮肉なことに、この制度が始まった全く同じ時期に日本はバブルに浮かれはじめ、現在のような目を覆いたくなるような惨状を呈することになったのだ。

アメリカにはだいぶ出遅れたが、そんなことをぼやいていても始まらない。日本は日本としてここで何が本物かを見直し、明日への対応をスタートしようではないか。何度も言うが、それはものづくり産業の再活性化であって金ころがしの手直しやフリーターではもちろんだめだ。世界の一級品を作ることだ。（からつ　はじめ）』

政府がデジタルマイスターを作るのもよいが、そうでなくても、昔の職人さんの多くは、立派な「物づくり」をしていたようである。今私が住んでいる本部の公舎は、もとは谷口大聖師が私宅の庭の中に建てられた離れだった。だから近所の知り合いの棟梁さんに頼んで、弟子の大工さん二人や、その他の職人さんを使って建ててくれたのである。建ってから今年でもう三十二年になるが、びしっとしていて狂いがこない。もっとも設計は私と家内とが大ざっぱに書き、長方形の総二階に、玄関と一階建て一間をくっつけたものだ。

材木はみな粗末なものだったが、頑丈な建て方で、地震にも強そうだ。玄関は狭いが、そのドアは中開きになっている。だからお客さんの多くは、よく反対側に引いたり押したりするが、内開きが良い点は、泥棒よけによいのと、外に雪が積もっても「閉じこめられない」点である。雪国はこれがおすすめ品だが、生憎《あいにく》東京にはそんなに雪が降らない。鍵も堀というメーカーの好みのをつけてくれた。瓦も丈夫な青緑色のを選んだ。そしてほとんど全部の窓に木の雨戸か鉄格子がついている。

しかし今はこれらの大工さんも、何処《どこ》かへ引っ越してしまって寂しい限りだ。それより大分前には、優れた棟梁や大工さんがいた時代があった。例えば有名な宮大工の棟梁に、西岡常一さんという人がおられた。法隆寺や薬師寺に手を入れられた人で、『木に学べ』（小学館版）と言う本を書いた（話した）人だ。この本の十頁には、「樹齢千年のヒノキを使えば、建造物は千年はもつ」と言う小見出しが書いてある。さらに十二―十三頁には、

『ヒノキのええとこはね、第一番に樹齢が長いということです。法隆寺の伽藍の材料がだいたい千年か千三百年ぐらいで伐採されて材料になってるんですわ。で、台湾に行くと二千六百、二千四百年というのがあるんです。すると法隆寺の五重塔の心柱が、この日本に芽生えたときに、台湾にも芽生えたわけで、それが残ってるわけですわな。法隆寺は今まで千三百年たってますわな。薬師寺の東塔もそのとおり。ちょうど千三百年ですわな。こんな長い耐用年数のものはヒノキ以外にはありませんわ。

マツですともう千年のものはありませんな。スギで千年か千二百年くらいが最高やと思いますね。

すごいのはヒノキのそうしたよさに千三百年前の人が気がついていたってことです。とにかくね、法隆寺を解体しましてね。屋根瓦をはずすと、今まで重荷がかかっていた垂木《たるぎ》がはねかえっていくんです。そこで、われわれ大工の間ではね、樹齢千年の木は堂塔として千年は持つといわれてるんです。それが実証されたわけです。

しかし、その樹齢の長いヒノキが日本には残ってませんのや。わたしらが法隆寺や薬師寺の堂や塔を建てるためには、台湾までヒノキを買いにいかなあならんです。なさけないことですよ。

しかし、ヒノキならみな千年持つというわけやない。木を見る目がなきゃいかんわけや。木を殺さず、木のクセや性質をいかして、それを組み合わせて初めて長生きするんです。

口伝では「堂塔の木組みは寸法で組まずに木のクセで組め」ということもいっております。』

良い物を作るためには「良い材料」がなくてはならないと言うことだ。その素材の善し悪しを見分けるのは、やはり訓練された人の心による。そこで多くの人が間違うのは、鉄と木の比較だが、法輪寺の修復の時、西岡さんが設計者の竹島卓一さんと言う学

者とやり合った論争について、こう書いておられる。（百八十九ページ以降）
西岡さんが全部をヒノキにしたいと言うのに対して、竹島さんは台風や地震に備えて、鉄骨で補強すると言うのである。どちらも塔を永く保たせたいと言う思いでは同じだが、やり方がちがう。飛鳥建築と江戸建築のちがいとも言える。ヒノキの耐用年数は二千年、鉄の耐用年数は百年でっせ、と西岡さんは主張した。結局一部だけ鉄骨を入れ、あとはヒノキと言うことで、ほとんどはヒノキでやったと言う話である。こうして法輪寺の塔は昭和五十年にできたのである。

さらに基礎作り

「物づくり」には素材が大切だとなると、それを作る道具が又その基礎になり、とても大切な道具だと言えるだろう。そこで西岡さんは木を切る道具についても詳しく書いている。鋸《のこぎり》やノミ、カンナ専門の鍛冶屋がいて、播州・三木でいいものを作っていたという。しかしそれらの道具も、鉄がいいものでないとつくれない。有名な刀鍛冶は、「法隆寺の古釘でしか良い物はできん」と言ったそうだ。しかし刀は高くついても高く売れるが、宮大工さんはそうはいかない。

ヤリガンナでも一丁七万五千円もしたそうだ。昔はカンナはもっぱらヤリガンナを使ったが、槍先のような金具に、曲がった長い柄がついている。これで削るには技術がいるが、古い寺院などはこれで削られて、暖かみが出る。その後、台《だい》ガンナになったが、これも材木を置く台が少しでも傾いていると、きれいな削りが出来ない。だから優れた腕の大工さんは、この〝削り台〟からまず水平に削るのだ。

その削りでもカンナの刃がよく研がれていないとだめだから、優れた大工さんは砥石を平らにして、と言う風に、〝基礎の物づくり〟をやらなければならない。それにはどこまでも「練習」であり、「訓練」だと言われる。そこで「物づくり」は「人づくり」となるが、「人」と言っても肉体ではなく「心」のことだ。ではどんな心かと言うと、宮大工の棟梁たる西岡さんは、こう書いておられる。

『こうした建造物をつくるには、仏教を信ずるという心がないとできませんな。近頃、日本人には宗教心がないいわれてますが、どうなりますかな。

仏教はキリスト教やイスラム教とはちがいますわね。

仏教は自分自身が仏様である。それを知らんだけだと。神も仏もみんな自分の心の中にあるちゅうことをいうてるんですわ。ほかの宗教は、神様は人間界を離れた上にあると考えている。

そこが違うんやね。

そうしたことが忘れられてしまったんや。法隆寺にしろ、薬師寺にしろ過去に対する尊敬の礼拝の場所です。

法隆寺では大講堂が一番大きいでっしゃろ。薬師寺でもそうだったんです。

この大講堂から生きた仏教が生まれていくんですな。新しい仏教が。

そういう意味では、大講堂がなければ、そんな伽藍は伽藍とは言えません。

また、大講堂ができても、ちゃんと説教できる人がおらな困ります。（後略）』（『木に学べ』二百十四―二百十五頁）

つまり「神の子・人間、仏子なり」の教えを信じ、かつ説教する、しっかりした人がいて、その正しい教えを普及徹底しなければならないことにまで言及しておられたのである。

潔《いさぎよ》く生きよう

唯物主義と宗教

世の中には「物質主義」の人と、「精神主義」の人とがいると言われている。しかしこの分け方は大変大ざっぱで、一応物質から精神が生まれると考えている〝唯物論者《ゆいぶつ》〟や、一見《いっけん》信仰をしている人のようでも、物質的オカゲ第一の人々で、「いわしの頭も信心《しんじん》から」と言われるような種類の人もいる。他方「精神主義」と言うと、〝唯心論《ゆいしん》〟の人々や〝精神一到《いっとう》何事《なにごと》か成《な》らざらん〟といった気概《きがい》の人々を当てることも出来るだろう。しかし真に宗教を信ずるものは、〝唯心論〟を越えている筈《はず》であるが、世間の宗教が必ずしも全てそうとは言い難《がた》い。中にはずいぶんひどい事を教えたり行ったりして社会問題となり、犯罪を犯して有名になってしまったりする教え（?）も出て来るのである。かつてのオウム真理教などはこの種類で、主犯格の〝主宰者《しゆさいしや》〟が裁判の法廷に引き出された頃には、世界の主な国々でもこの〝現象〟をこんな風に論評していたと、平成八年四月二十六日の『讀賣新聞』に紹介してあった。

『イギリスのメディアは、「オウムとともに日本社会の内情が明らかになる裁判」（フィナンシャル・タイムズ紙）といった視点でも注目している。タイムズ紙は社説で「現代日本の教育の在《あ》り方、家族のきずなの断絶、物質主義といったことが裁判の背後で問われている」と指摘した。』

さらにパリの鶴原徹也記者から、

『フランスのル・モンド紙は二十五日、オウム裁判が日本で非常な注目を集めている点について、「米国のシンプソン裁判に匹敵《ひつてき》する。単なる刑事裁判ではない」としたうえで、「このセクトの漂流《ひようりゆう》ぶりは（日本社会の）不安の現れだ」と分析。

一方、フィガロ紙は半ページをさき、「テロリスト―教祖、裁判官を侮《あな》る」との大見出しで、麻原被告による罪状認否留保を批判的に伝えた。記事はまた、「オウム症候群《しようこうぐん》による日本人の精神的外傷が（裁判を通じて）いやされることになろう」と分析している。』と。

たしかにこのような大量の人命を犠牲にしたテロ事件は、日本の社会的不安を基礎にしているし、一方唯物論的な教育の行き渡った日本社会の矛盾を露呈《ろてい》しているだろう。大学教育まで受けた若者の多くがオウム事件に関与《かんよ》していた事実は、現代の学校教育が人間のいのちの尊さや、神乃至《ないし》仏の本質について何も教えていないことを示している。その結果、

「目的のためには、手段を選ばない」

という、マルクス・レーニン主義的手法による自己満足の目的への無茶な手段を取ったのであり、吾々《われわれ》はこのようなものを正しい「宗教」とは見なさないのである。

幸福への手段

一般論としては人間の目的とする〝本質〟は、正しいのである。例えば自分や家族が「幸福になる」という目的もそうである。しかしその〝手段〟が間違っていて、泥棒や殺人を行ったのでは、幸福にはなれないのだ。上司から「人殺しをやれ」と言われたからやったのでは、決して幸福にはなれない。何故《なぜ》なら良心の呵責《かしゃく》にさいなまれるからである。この良心は誰にでもある内在の〝神の声〟であり、〝仏の声〟でもある。表面的には

覆《おお》いかくされていても、必ず実在している本性であって、この「実相」こそが本物なのである。

しかしこの現象界には、この実在の実相が充分現れてはいない。それをどうやって現すかを工夫するのが、この人生課題であり、それを「魂の成長」と称したり、「魂を目覚めさせる」ともいう。その過程に於《お》いて、もし手段を間違えて悪事を働いたり、人々を苦しめたり、嘘《うそ》をついてゴマカしたりすると、「幸福になる」という目的からは遠ざかるばかりだ。

即ち〝真の幸福〟は金もうけでもなく、名誉を得ることでもなく、有名になることでもない。神性・仏性を現し、真・善・美を現成《げんじょう》することである。〝真の幸福〟は一時逃れの嘘やゴマカシでは決して得られない。丁度いくらニセ札を作って預貯金額をふやしてみても、それで「幸福だ」ということにはならないようなものである。真の「幸福」は、自己の良心に忠実であり、ウソ、ゴマカシ、インチキはやらず、少しでも人々のためになることをして得られる。その行為は目立たなくてもよいし、人に知られなくてもよい。山奥に咲く草木の花のように、枯れて散るまで、一人の人も見てくれなくてもよい。ただ花には、蜜を吸いに来る虫がいるし、樹液を吸う虫もいるだろう。彼らが喜び、生きながらえるし、そしてついでに彼らは果実が実る手伝いをしてくれるのだ。

こうしていつしか諸々《もろもろ》の花は大地を美しく彩《いろど》り、樹木は繁茂し麓の町の人々の生活用水をたくわえ、川に流れ出た水は下流にコケやカビや堆肥《たいひ》や虫を送り、さらに海に出ては魚介類を養い育ててくれるのである。海の魚や貝は、知らず知らずのうちに、山奥の樹木（ことに広葉樹）によって育てられるので、「魚つき保安林」というものもある。このように現象界は、必ず因果律によって、善因が善果を生み、悪因が悪果を招くものである。その善因はどんなに小さくてもよい。それらが集まり合えば、丁度山奥の樹木の葉や根が生み出した栄養分のように、多くの魚介を育て、海水を浄化する。しかも〝報酬〟は何も求めず、称讃《しょうさん》をも求めてはいないのである。

今まで人類はエネルギー資源として、多くの樹木を切り倒したり、その化石化した石炭や石油を掘り出し、それを血眼になって奪い合って来た。しかしこれからの地球には、「きれいな水」が最高の資源と見なされる時代が来るのである。イラクばかりではなく、地球は次第に水不足を告げて来つつあるからだ。即ち平成八年三月十九日のジャパン・タイムズの〝UPI-Kyodo〟によると、次のようである。

水が危ない

北京、ヒューストン、ジャカルタ、ロスアンゼルス、ワルシャワを含んで、発展途上国も、先進国も、西紀二〇一〇年までには、極度の水不足に陥るだろうと国連（UN）当局は警告している。国連の分析者達はこう言及する。極度の水不足の危機に直面している都市は、カイロ、ラゴス、ダッカ、北京《ペキン》、上海《シャンハイ》、ボンベイ、カルカッタ、ジャカルタ、カラチ、サンパウロ、メキシコシティ等々。国連の予測では、ヒューストン、ロスアンゼルス、テルアヴィヴ、ワルシャワも水飢饉《ききん》にさらされている。

これらの渇水諸都市の多くは、古い水道管や貧弱な水管理システムから水もれを起している。所謂《いわゆる》〝不可解な水洩れ〟、プラス不法な水道管接続により、ダッカでは六二%、マニラでは五八%、ソウルでは四二%の水が失われている。ケニアのナイロビでも、モンバサ市の必要量に相当する水を喪失《そうしつ》している。サンパウロは十年間にわたり五〇%の水を喪失した水洩れ問題に、今挑戦しているところだ。

さらに水の汚染問題がもう一つの重要な水泥棒に当たる、とワリ・ヌダウ（Wally N'Dow）人間居住委員会の人間居住センター事務局長はニューヨークで語った。

俗に「塵《ちり》も積れば山となる」と言うが、人々はこうして水を軽んじ、浪費し、盗み取りして、将来の人々の争いの原因を積み上げつつあり、一方では大切な樹木を伐り倒して地球温暖化に拍車《はくしゃ》をかけ続けるのである。

奥深い因果律

このような因果関係の奥深い働きを知らない人々が、目先《めさき》の利益や一時しのぎばかりを追求し、時には悪手段で人々や生物に迷惑を与えながら「幸福」の甘い果実をもぎ取ろうとしても、それは絶対に不可能なことなのである。ところが思慮《しりょ》浅く、愛の心に欠乏している人々は、ちょっとした嘘ならついてもよいだろうとか、目的がよければ、手段はどうでもよい、ゴマカシや嘘もかまわないと考えるが、この思い違いが本物の「幸福」をはるか彼方《かなた》に遠ざけてしまうのだ。しかもこのような「現象」の結果は、ずっと後になって徐々に現れること、「魚つき保安林」の例でも明らかであるし、水不足現象でも、まだずっと先になって、やっと世界的問題に発展する報《むく》いなのである。

ウソとゴマカシ

ところが人々はとかく近視眼《きんしがん》的見方に陥りやすく、一時的な安心感や自己満足のために、ウソとゴマカシの泥沼に足をつっ込むのだ。例えば平成八年四月二十八日の『讀賣新聞』の投書欄にも、こんな一文があった。

『予備校時代、東京で一人暮らしをしていた私は、乗換駅の立ち食いそばを朝食にしていた。毎朝、同じ格好で店に通っていたので、店のおばさんが同情してくれたのか、一月《ひとつき》後には普通盛りの金額で大盛りにしてくれ、半年後にはただで牛乳まで飲ませてくれた。

第一志望の大学の受験日の朝にも、店に寄った。おばさんは「特別大サービスだよ」と言って、大盛りそばの上に天ぷら二枚と卵をおまけしてくれ、さらに牛乳もつけてくれた。

ところが、食べ過ぎたのか気分が悪くなり、試験は大失敗。でも、おばさんのせっかくの好意にこたえようと、「おかげで合格出来ました」と報告してしまった。結局、別の大学に進学したが、その駅を通過するたびに、今でも思い出す。』

これは深切なそば屋のおばさんに、ウソの報告をして、〝感謝の心〟を現そうとしたのであるから、「いいではないか」という人も多いだろう。しかし本人のおばさんは、もし「嘘だった」ことを知ったら、がっかりして、ダマサレタことを残念に思うだろう。そうでなくても、正直に「テストはうまく行かなかったよ」と報告をしたとしても、その深切なおばさんは逆に彼をなぐさめてくれたり、さらに別の形の深切で彼に何かを教えてくれたりするくらいの人格者だったであろう。

そうでなくても、この小さな嘘をいわなかった本人は、きっとスガスガしい気持で、今もこの駅のそば屋の前を堂々と通ることも出来るし、その後の成り行きをおばさんと語り合ったりして、きっと楽しい幸福感を、〝今以上に〟味わっていた筈である。このことは、〝正直であった人〟のみが知る魂の悦びであり、何らの後味《あとあじ》悪さも、後《うし》ろめたさも残さない行為であり、その後の「嘘のない生活」を送る原動力となるチャンスであったのだ。

嘘という小さな行為も、度重なると大きな結果をもたらす。一個人の業《ごう》という成績表にマイナス点がつくのは勿論だが、これが習性となると、色々の方面の嘘が重なり合い、遂には国会等で問題になった〝住専〟やテレビ局にからまるウソや隠しごと、「記憶にない」という嘘がいたる所で飛び出して、何もかも不明瞭極まる事件の錯綜《さくそう》する日本国となり果てるのだ。あげくの果てに、血液製剤でエイズ・ウィルスを加熱消毒していないものが、どの段階で、どのようにして出回り、加熱製剤の輸入がどうやって遅れたのかを調査しようにも、ウソの報告だらけで、二進《にっち》も三進《さっち》も行かなくなるのである。

これは味方をかばうとか、わが会社や省庁から犯人を出さないため等という「小目的」のために、「手段を選ばず」ウソとカクシゴトで逃げ回るからだ。すると一時的安全を計るばかりの〝ウソつき社会〟が出来上がり、政治行政改革は一向に進まず、尊い人命の損傷にも及び、諸外国からは「信頼するに足らず」と見放される〝孤立無援《こりつむえん》国家〟となる可能性が極めて大となるのである。

真実の生活を送る

さらに個人的にも色々のトラブルが発生し、そのとばっちりが将来の青少年に、ＨＩＶウィルスの如く侵入潜伏することもありうる。私の所に来たＳさんの手紙にも、そんな悩み事が述べられていた。彼女は私が『理想世界』誌に「うそをつくな」という主旨を書いたのを読んで、「私はたくさん嘘をついて来ました」と告白して来た〝正直な〟女性である。詳しい内容は省略するが、Sさんは三人の子のある同僚の男性（A）と不倫をした。そして彼と別れてから後に、彼の子を妊娠していたことを知ったのである。けれどもSさんは「人間・神の子・不死・不滅」の教えを知っていたので、人工中絶などをして殺してはいけない、「一人で子供を生み育てよう」と決心をした。しかし姉さんに相談して、Aと二人で相談しなさいと忠告され、Aと話し合ったがよい考えは出て来なかった。Aが言うには、

「子供が三人もいて、（妻もいて）養育費は払えない」

とけしからぬ本音《ほんね》を伝えた。Sさんはいさぎよく、

「費用は結構です。払うなら、姉に払って下さい。」

と言って彼を見限った。その後Aは「Sさんが中絶した」とばかり思っていたのに、そうでないと知るとさらにおどろき、「あとで連絡する」と言ってそのまま何の連絡もして来なかった。そのうちSさんのつとめる会社で、Sさんの生む子はAの子だという噂が広がった。その噂は本当だったが、出産後も同じ会社で働きたいと思い、この噂を否定した。つまり嘘をついたのだ。さらにAに連絡して、

「あなたの子供ではありませんでした。別の男性の子供でした」

と嘘をつき、さらに「私はその男性と結婚しますので、今までのことは忘れて下さい」と嘘の上塗《うわぬ》りをしたのである。さらに会社の人達にも「今はお金がないから結婚できないけど、そのうち結婚する」と、嘘の上塗りの又上塗りをした。

このように「もう一度もとの会社で働きたい」という小さな目的のために、嘘という手段をとると、いくらでも嘘に次ぐ嘘が重なって、その結果何の幸せも現れては来ないものだ。その上Aは、知らぬ顔をして何ら良心のとがめも、金銭的負担も、噂の重圧も受けず生活することになる。これが本当の愛であり、赦しであるということが出来るだろうか。社会正義や倫理は、果たしてどうなったのか。

この場合でも、Sさんは嘘をつかないで、Aに「私一人で育てます」と告げるだけでよかったのである。それは決してAを傷つけ憎むことではない。彼を赦して、彼の幸福を祈ってあげることも出来るのだ。すると彼の良心が、いつかは目覚めて来るであろう。会社の噂でも、何も否定するには及ばない。沈黙だけでよかった。他の男性の子だなどと、彼女自身の尊厳を自らの嘘で傷つける必要は何一つなかったのである。

そこで私はSさんに、嘘を言ったのに気がついたら、その嘘を打ち消しておきなさい。Aには「本当はあなたの子だ」と再び告げるがよろしい。将来生まれるわが子のためにも、嘘を重ねて別の父親を作り出し、生かしたり殺したりする必要はない。Aと毎日顔を合わせる今の会社は変えた方が、将来のためにもゴタゴタが長びかなくてよろしいと助言する手紙を出したのである。

「正直の頭に神宿る」

という諺は、原子力情報化社会の現在も生き続けている。「人間・神の子の真理」こそが絶対であるから、Sさんにも、Aにも、その他多くの関係者の方々にも、やがて遠い将来に於いて、真実が知られ、幸福が訪れることを心から祈らずにはおれなかった次第である。

何を第一にするか

金を求めて

最近日本は技術力や経済力が発達し、金持ち国になったと言われている。昔から金銭や力はその「使い方」によって人々を幸せにすることもできるが、一方兇器にもなるし、ワイロにもなるとされている。それ故、ただ単に金や力が沢山あるというだけではダメであり、それを「どう使うか」ということが問題で、心の持ち方が一番大切だと言わなければならないのである。

お金を個人がどう使うかということは大きな問題で、きれいな使い方と、きたない使い方とがある。あまり金に執着しすぎて、妻を離縁してまで金をためこもうとして大失敗した人の話もきいたことがあるが、次のような例もある。沖縄県中頭《なかがみ》郡読谷《よみたん》村字波平《なみひら》というところに住む天久《あめく》政弘さんは、お金に苦しめられた被害者であった。彼は六人兄弟の長男として生れたが、松繁《そうはん》さんという父親が金のことにとてもうるさい人で、口を開けば「金、金、金」といった育て方をした。そのため読谷高校を卒業すると、すぐ逃げ出すような気持で、本土に渡ったのである。

何故松繁さんがそんなに金を節約したかというと、この父親は昔小さい頃農家に売られて行って重労働に従事し、その時の貧しい苦しさが身にしみついた。金を大切にしなければならぬ、金次第で人は幸せになるし不幸にもなるという気持から、金銭本位の暮し方になって行った。けれども政弘君はそれに反発し、

「金集めが人生ではない。もっと本当の幸せな生き方があるはずだ」

と考えた。その上夜になると父は、酒をのみながらグチばかりこぼすのだ。その姿を見ていると、人生が空しく、はかなく、やるせない。しかし一方、金を儲けたいという気持も伝わってくるから、本土に行って仕事をする時は、一番金の儲かる仕事をやろうと思い、長距離輸送の運転手になった。

毎日の仕事は厳しくてつらいのである。東京大阪間を週三回往復した。従って眠る時間は少なく、身体がものすごく疲れる。一体、何のために生きているのか……そんなこ

とを考えたくても、考える時間すらない。勿論、本を読む気にもなれないのである。その上、若いくせに肩こりがひどく、腰の痛みにも苦しみ、トラックの運転席に指圧器を取りつけて、深夜もそれを使いながら走り続けていた。

来る日も、来る日も、睡魔との闘いだ。うっかり居眠りして、ガード・レールすれすれに走ってハッと目を醒まし、冷汗をかいたことも何回かあった。ところがある日、大阪からの帰途、天理市のある食堂に入ると、そこに『白鳩』という雑誌が置いてあった。何気なくひらくと、「親孝行とは」と書いてあった。

何が大切であるか

いつも彼の心の中には親への反発と、親への温かい思いとが混交していた。で思わずその雑誌を手にとり読んでみると、本を読んだだけで病気が治ったり、不良少年がよくなったりする話が出て来る。当時政弘さんは、夜通しトラックを運転して目的地に着くと、仮眠をとる時も、神経が高ぶってなかなか寝つけなかった。

ところが『白鳩』誌を読んでいるうち、不思議に心が安らぎ、ぐっすり眠れるのだった。そこで彼は毎日この雑誌をよむことにした。中々すばらしい話が書いてある。人間は神の子だ、本来死ぬことも、病むこともない「生き通しのいのち」であり「仏性」そのものである――これは実に何とも言えない救いの言葉であった。

すると、どうしてもこの話が本当かどうかを確かめたい思いにかられた。そこで短期練成会というのがあることを聞き、飛田給の練成道場へ行ってみる気になった。入ってみると例のごとく、「有難うございます」と合掌して迎えられ、明るい笑顔の人々が一杯集まっていて、とてもためになる講話がある。金よりも物よりも、もっと大切な愛があり、不滅のいのちがあり、心という宝物があるということが語られていた。更に先祖供養も教えられ、浄心行《じょうしんぎょう》*も行われた。僅《わず》か二泊三日の練成会ではあったが、その時はじめて「生きる」とは何か、「人生」とは何かを知ることが出来たのであった。

考えてみると今までは、父の教えに従い金儲けを目標に遮二無二《しゃにむに》働き続けたが、感謝の心や、愛の心こそ金では買えない宝であり、悦びそれ自体であると知ったので、それ以後とても明るい心で仕事に熱中した。すると全てのことがトントン拍子にうまく行く。それまで十年ほどは働いて、あとはフーテン暮らしをして、一生結婚なんかしないつもりでいたが、その心が変わり、家庭生活を送り、親孝行もしたいという気持になり、やがて結婚生活に入ったのである。

さて家族を川崎市に住まわせ、今までの長距離の運転手をやめて、短距離の日帰り運転に切りかえた。すると給料は十六万円ほどで安くなった。従って生活は苦しいのである。その苦しさから、ともすれば暗い気持に落ち込みそうだった。するとそのうち交通違反で三十日間の免許停止処分をうけた。これは運転手には、大変な痛手である。しかし彼は、生長の家の、人間神の子・無限力の教えを思い出し、その間近くの誌友会を訪ね、家族三人で什一会員*になったのである。

するとどうしたことかその翌月から、二十万円の給料がもらえるようになり、仕事も朝日のさす日光街道の並木道を気持よく走れるようになった。こうして金を目あてにアクセクと働いていた時は得られなかった明るい世界が開けて来た。心が肉体にも環境にもあらわれて来る。だから健康もよくなり、給料も上がり、ドライバーの嫌う雨の日も、「みそぎの雨だ」と思って楽しく働くようになった。

さてこうして、金銭の呪縛からまぬかれた天久さんは、時間に余裕のある日雇運転手に変り、仕事のない日はタクシーに乗ってアルバイトをした。その客待ちの間、『甘露の法雨』を読む。すると乗って来る客が、「このタクシーの雰囲気がよい」とほめてくれる。神に祈りつつ、愛の心で運転すると、面白いように売り上げが上がり、同僚からは不思議がられるくらいになった。

このような日々を送っていたが、昭和五十六年ごろ父親の直腸癌を知らされ、家族一同で沖縄に引きあげ、母親のしていた豆腐屋の仕事を継ぎ、売り上げも三倍ぐらいにふやすことが出来た。すると父の病気も、手術をうけた後の経過がよく、すっかり心安らかとなり健康な日々を送り、一家族が仲よく安らかにくらすことが出来るようになったのである。その上誌友会も開き、中学時代の友達だった奥さんとの間には六人の子供が生れ、当時三十八歳の新進相愛会長となって活躍し出した。あんなに金、金、金と主張した父親も、日々『甘露の法雨』の読誦をするすばらしい信仰者となられたという体験談であった。

物を求める悲劇

このように人は金銭を追い求め、それによって幸福を得ようとしても、幸福はスルスルと逃げ出し、つかまえようもない遠方へと消え去ってしまうのである。ところが、本当の「神」を見出し、その御心に従って、愛と深切と感謝を行じて行くならば、金銭はあとからついて来て、「使って下さいな」とすがりつく。人は貧窮に苦しめられると、とかく金銭を第一目標にして働き出す。個人でもそうだし、会社でも国家でも同じことである。日本はこうして、敗戦の廃虚から立ち上がり、当時は世界一の黒字国にのし上がって来た。

しかしそれだけでは必ず行き詰って、転落のコースをつき進む。そんな実例は数限りなくある。それは第一のものを第一にせず、現象という仮相の一部（金とか名誉等）を第一に置き、それにしがみついているからである。そしてある程度それが実現すると、何となく自分が偉くなったような気がして、とかく傲慢《ごうまん》になりやすい。当時、日本が「傲慢になった」という声がチラホラ聞かれるようになったのはまことに残念であるが、ダニエル・バースタイン氏の書いた『ＹＥＮ！』という本は、日本の資金によってアメリカの国債の利率が、どのようにでも変動させられ、国内パニックになりうることが記され、しかも日本人の傲慢さを指摘しつつ、アメリカ経済を立て直そうと呼びかけている内容であった。

黒字も結構だが、その金を如何に使うかが問題で、物質的な金やものですぐ鼻を高くするような「つまらぬ心」では、世界中の人々から排斥される運命に陥る外はないのである。上述の本の中にも「醜いアメリカ人」が「醜い日本人」に今やとって代わろうとしていると書かれていた。

かつての日本は朝鮮半島を支配し、中国の満州地区に進出したが、そこで最もいやがられたことは、〝傲慢な態度〟であって、それが排日の炎に油をそそいだのだ。金や技術が悪いのではない。それを第一のものとしてふりかざし、それに心の方が追随し、ふりまわされている人間の悲しむべき行動が、デタラメや傲慢として、非難攻撃の的となるのである。その心は確実に世界中の人々の幸福にも悪影響を及ぼす。戦争の引金を引いたり、地球そのものを崩壊へと導くからである。

例えば平成元年三月二日の『讀賣新聞』には、消えゆくアマゾンの原始林の惨状がこのようにのべられていた。

『ブラジルは広い。白人が入植して以来、奥へ奥へと開拓の波が押し寄せてもまだ未開地が残っている。

だから、今でも開拓した土地は自分のものになる。ジャングルに分け入って、木を切り倒し、焼き払って住みつけばいい。一年と一日たてば自分の土地と認定される。

ところが昨年、憲法改正の動きがあり、農地改革が実行されることになった。これまでのように無制限の土地私有を制限してその代わりに零細農民に土地を与えようという目的だった。

しかし、これを察知した大地主たちは、憲法改正前にたくさんの土地を自分のものにしておこうと猛烈な開拓をし始めたのだ。おかげでアマゾンの森林の一〇%が昨年一年間で消えたといわれている……』

神の愛を求めよ

これは明らかに土地や金銭をわがものにしようとして、人々が大森林を壊滅させて行った乱行ぶりを示している。日本で当時非難の対象となったかのリクルート商法も、自社の利益や業績拡大のために、会社が大きくなってもやたらにワイロ戦術を行使した、その乱心の結実である。こうして小さな目的を追求しつつ、大きな政治的不安をかもし、日本国に重大な損害を与えた。ブラジルの奥地でも、その他多くの国ぐにでも、一部の人々の利権のために、全世界の大気が酸素不足へとかり立てられ、それが地球の温暖化現象の一因ともなっているのである。さらに『讀賣』の記事は、こうのべていた。

『「ともかくメチャクチャな開発ぶりですよ。ひどい時には、人が住んでいようといまいと勝手に自分の土地にしてしまう。インディオや零細農民を力ずくで追い出すのですから」

インディオ集落に住みながら研究を続けているアメリカ人の女性人類学者、キャサリン・ホワードさん（三五）の証言だ。

そんな中で、貧しい者の味方となって頑張る神父、弁護士、ジャーナリストなどがはしから暗殺されていった。そして大地主に反抗する農民やインディオらも虫けらのように殺される。

先に手をつけた者が勝ちという伝統と、大地主たちのあくなき拡張欲。それが絡みあってアマゾンの原始林は次々と消えていく。

ここ数年、アマゾンの中で最も開発が進んでいるといわれるロンドニア州では八月の乾期になると伐採した山や森林が一斉に焼かれるため空が煙でおおわれ、昼間でも太陽が真っ赤に見える。

州都ポルトベーリオ市で養鶏の販売を手がけている日系二世の山口道雄さん（四〇）は「それはすごいものです。目が痛くなるし、車の運転も怖い」と言う……』

目が痛いだけの話ではない、人間の生命まで誘拐されたり、殺されたりしている。このようなことは、全く本末の転倒であり、精神の堕落、神性隠蔽《しんせいいんぺい》の最たるものだと言わなければならない。遠くブラジルまで行く必要もなく、日本の近くでは東南アジアの森林も亦そのようにして失われて行きつつある。日本内地のブナ林も年々消え去って行き、〝開発〟されているが、一見文明化と見えるこの外観は、実は地球の死滅を弔《とむら》う行進でもある。さらにえぞ鹿やかも鹿も次々に殺され、動物たちは次第にその棲家《すみか》を失い、人間もまたやがてその後を追うことになろうとしているのである。

欲望や金銭に目のくらんだ人々は、一見「成功」するように見えることも多い。しかし年月が経つにつれて、〝内部崩壊〟が始まるのだ。それは「業《ごう》の自壊作用」が起るからである。その段階になって、急にあわてふためいても追いつかない。やがて行きつくところまで行きつくのが大半で、途中で大懺悔《ざんげ》が行われる時にのみ、まだ救いは可能である。

それ故吾々《われわれ》は、地球が終熄《しゅうそく》にいたるまえにその滅亡を防止すべく、急いで人心の一新をはかり、物や金を第一に置かず、「神意と愛」を第一とするように、大々的な宗教活動を展開したいと熱願しているのである。しかしこの純粋な願いを、世の中の人々はまだ誤解して、利権や利欲にくらんだ目でもって軽視したり、特別視したりする。

いやそれどころか信仰者をもって任ずる人々の中にも、利己的な願いを優先させ、そのために神の力を〝利用〟しようとする人たちもいる。そのような考えでは、信仰が本物とならず、依然として物欲や名誉欲が第一に置かれ、それを追い求める信仰となっている。そのインチキ姿勢が無神論者の軽侮《けいぶ》を買い、信仰の純粋なものまで非難されるのである。

しかし、純粋なものは結局万人から尊敬され、愛される。それは丁度昭和天皇陛下の純粋性が万人によって尊敬され、全世界百六十四ヵ国が御大喪に集ったようなものである。時に人々はそれに逆行して、純粋性を嘲《あざけ》るかも知れない。しかしそれでもそのような人は必ずその過ちを、いつの日にか反省せざるを得なくなる。そのような時が必ず来るのが「業の法則」の厳しさである。

奪う者は奪われ、嘲る者は嘲られ、そして尊ぶ者が尊ばれるのだ。山を愛し、河を愛し、いきとし生けるものを愛する人間が、全てのものや人から愛され尊ばれることになるのは必定である。それ故金や物ではなく、愛と敬とをもって第一にしなければならない。その愛の本源である「神」を、この現代に於いて今こそ思い起して信仰するのが何よりも大切であることを、重ねてここに強調する次第である。

＊浄心行＝過去に抱いた悪想念、悪感情を紙に書き出し、生長の家のお経『甘露の法雨』の読誦の中でその紙を焼却し、心を浄める宗教行。
＊什一会員＝「聖使命会」の会員の一つで、月額一口千円以上を奉納する人。

一番大切なもの〔完〕

一番《いちばん》大切《たいせつ》なもの

平成十六年四月十五日　初版発行
平成二十六年八月二十五日　六版発行

著　者　谷口清超（たにぐち　せいちょう）〈検印省略〉
発行者　岸　重人
発行所　株式会社　日本教文社
東京都港区赤坂九―六―四四　〒一〇七―八六七四
電話　〇三（三四〇一）九一一一（代表）
〇三（三四〇一）九一一四（編集）
FAX〇三（三四〇一）九一一八（編集）
〇三（三四〇一）九一三九（営業）

頒布所　一般財団法人　世界聖典普及協会
東京都港区赤坂九―六―三三　〒一〇七―八六九一
電話　〇三（三四〇三）一五〇一（代表）
振替　〇〇一一〇―七―一二〇五四九

組　版　レディバード
印　刷　東港出版印刷株式会社
製　本　牧製本印刷株式会社
定価はカバーに表示してあります。落丁・乱丁本はお取り替えいたします。

ISBN978-4-531-05237-0

本書の本文用紙は、地球環境に優しい「無塩素漂白パルプ」を使用しています。